TEAM FISSION SYSTEM

团队裂变系统

让团队持续倍增裂变的
九大人才策略

刘子鸣 / 著

中国商业出版社

图书在版编目（CIP）数据

团队裂变系统 / 刘子鸣著. ——北京：中国商业出版社，2017.10

ISBN 978-7-5208-0089-1

Ⅰ.①团… Ⅱ.①刘… Ⅲ.①企业管理—组织管理学 Ⅳ.①F272.9

中国版本图书馆 CIP 数据核字（2017）第 238618 号

责任编辑：朱丽丽

中国商业出版社出版发行
（100053 北京广安门内报国寺 1 号）
010-63180647 www.c-cbook.com
新华书店总店北京发行所经销
大厂回族自治县正兴印务有限公司

*

720 毫米×1000 毫米 1/16 开 14 印张 170 千字
2018 年 6 月第 1 版 2018 年 6 月第 1 次印刷
定价：38.00 元

* * * *

（如有印装质量问题可更换）

自　序

过去我们在创造财富的路上，更多的是我们把握了一些机遇而创造了财富，这些财富包括土地、房地产、股票等。而今天的时代是机遇泛滥的时代，我们把握了很多好的机遇却无法创造财富，这是为什么？因为这个时代不仅仅是机遇的时代，也不仅仅是个人奋斗的时代，更重要的是团队抱团取暖的时代，一起共同合作、合伙创业；一起分钱、分名、分舞台。过去的个人独享时代已经升级为共享时代，而共享时代注重的是团队价值最大化。

本书结合了我18年团队管理经验，也是我向诸多世界顶尖企业家学习并在实践中融合形成的管理经验，结合我自己企业发展的经验与总结。这些团队管理经验，让我的企业从刚刚起步的几个菜鸟和87平方米的小办公室，在短短几年的时间里，由中国发展到新加坡、马来西亚、迪拜，企业由文化传播延伸到科技、影视、投资，实现了多元化发展，公司营销人员一年时间达到上千人，吸纳到很多比我自己更加顶尖的人和我一起打天下，让我从一无所有、负债累累到今天一无所缺，家庭幸福。我把自己打造团队的一些经验全部写进书里，希望可以帮助到大家，希望大家喜欢！

在这里感谢一路支持我的朋友和学生，特别感谢参与本书校对的刘美琪老师，感谢所有一路支持我的好兄弟：马玲刚、刘颖、付力元、郭倩含、申玉龙、刘美琪、张少杰、孙大为、王禹竑、李月、吕振锐、董钢、

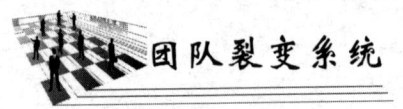

陈德帅、艾琳、高欣、蔡洪梅、郭玉维、张洪斌、林小丰、滕艺丹、杨景茗、沙蕾、董光辉、李春英、张敏、侯雁冰、唐宗仁、田庆、袁珠光、姜冉、成雪莲、王亚军、张海洋、周海明等，感谢我的战狼勇士徐冰、米佳伟、田郭禄、陈鹏、张书瑀、吕东远、孟妹含、周书玉、高伟、张开龙、吴金玲等，还有很多很多一直相信子鸣的伙伴们，感恩大家，谢谢！

刘子鸣

前　言

企业靠人才的时代已经到来，因此企业所有的一切都是人的问题，经营团队的核心就是经营人才。经营人才是企业运行最重要的要素，经营人才的核心就是经营人才的知识、能力、心理资本，借此提升他们的相信度和战斗力。所谓相信度，就是让人才跟你走，相信就会跟你走；所谓战斗力，就是工作的态度、动力和能力。

知识的经营，就是要把个人脑中的知识变成公司的公共知识，即实现个人知识公司化；能力的经营主要指企业的引进能力和培养能力，这两种经营方式相当于打造了人才供应链和能力发展链，从而满足企业战略和业务快速发展的需要；心理资本经营就是打造员工积极健康的心理状态，强化人才对企业的心理认同，最重要的还是要形成有驱动力的企业文化，让员工进入企业之后有归属感，并提高员工的满意度和忠诚度。

企业针对人才的知识经营、能力经营和心理资本经营，是企业人才经营的"铁三角"策略，三者缺一不可。而要想真正经营好人才的知识、能力和心理资本，就必须有一套系统化的方式方法。本书就是阐述这样一个系统，其内容由了解人、认识人、读懂人、吸引人、选对人、留住人、激发人、改变人、倍增人九个部分构成。了解人，强调了解人性，了解本质，把握需求；认识人，主要包括认识人才和识别人才两个方面的具体方法；读懂人，强调通过表象看本质，懂得员工的心理、性格，从而了解员工；吸引人，给出团队管理者应该掌握的吸引人的心法，指出文化的构建与落地对吸引并留住人才的重要作用，强调用物质分配机制满足人对金钱的欲望；选对人，更加注重选人、用人的实操性，从态度、能力、忠诚度三个方面进行了详细的论述；留住人，提出机制留人、培训留人、文化留人、环境留人等四个方面的留人方式；激发人，其核心宗旨是让每一个团队成员爆发能量；改变人，强调团队管理者只有具备个人影响力，才能影响别人或改变人；倍增人，围绕增加新人、培养新人以及提高执行力和商业模式的倍增四个议题展开。

  本书内容涵盖了企业用人的方方面面，关键之处有理论解读，更注重实操层面的途径、方法与技巧，并展示了大量精彩案例，实用性、阅读性强。适合企业领导者和管理者，尤其是团队主管阅读，也是企业员工尤其是新员工需要阅读的一本好书。

目　　录

第一章　了解人：了解人性，了解本质，把握需求

> 人类与其他动物相比有很多弱点，但人类之所以能够战胜其他动物而最终成为万物之灵，靠的是群体精神，而这种群体精神在团队管理工作中极其重要。必须清楚的是，有效的团队管理需要了解人，从人性、人性的本质、人性的需求等方面了解人。只有充分了解了人，才能清楚团队成员的优势与不足，并按照人的本质认同人、把握人的需求，才能发挥团队的凝聚力和战斗力。

1. 了解人性 ··· 2
    - （1）人性：自私、自利 ··· 3
    - （2）人欲：利益、情感、身份 ··································· 4
    - （3）人心：懒惰、贪婪 ··· 6
2. 人性两大需求：生理需求和精神需求 ························· 8
    - （1）确定性：团队没有跟你走，都是因为确定性不够 ······ 8
    - （2）变化性：要让团队更有激情，就要不断增加变化性 ··· 9
    - （3）重要性：90%的人都需要重要性，并且不同时期要满足不同的重要性 ··· 9
    - （4）成长性：给不了足够的金钱就必须满足成长性需求 ······ 11

（5）人文关怀：满足精神需求不可或缺的要素 ················ 11

　　（6）贡献：员工精神需求满足后的必然结果 ················ 12

第二章　认识人：认识人才，识别人才

> 领导力的关键就是知人善任，为此领导者要打开心智模式，认识到人与人的正常差异，特别是认可与自己完全相反的性格，学习认识人的方式方法。认识人这件事说起来简单，做起来并不容易，关键是每个人都有自己的特点，更有自己的想法，这就需要做老板的能充分认可别人的价值、欣赏别人的特色。

1. 认识更顶级的专家和高手，为你所用 ················ 14
　　（1）猎头思维：网罗高级人才 ················ 14
　　（2）星探思维：挖掘人才新星 ················ 17

2. 知人善任，是领导者的第一能力 ················ 19
　　（1）人才的三个主要类型 ················ 20
　　（2）如何正确识别评鉴人才 ················ 21
　　（3）如何从做事上识别顶尖人才 ················ 22

3. 认识人才，才能让高手为你所用 ················ 24
　　（1）主动出击，捕获人才 ················ 25
　　（2）疯狂出击，制胜人才争霸战 ················ 27
　　（3）加倍努力，完善各项机制 ················ 27
　　（4）乘胜追击，乘势而上 ················ 28

4. 什么是合格人才？什么是顶尖人才 ················ 29
　　（1）合格人才：八项条件不该少 ················ 30
　　（2）顶尖人才：三类特质需完备 ················ 31

5. 顶尖人才稀缺，有机会认识就一定要拿下 ················ 34
　　（1）扩大交际圈，认识顶尖人才 ················ 35

(2)"O2O 模式"：线上找人＋线下找人 …………………………………… 35

第三章　读懂人：通过表象看本质

> 在市场竞争日趋激烈、不单为追求工资的"80后""90后"成为公司主体的年代，传统的"头痛医头、脚痛医脚"的管理模式已经过时。实践中，为何高管能力日渐消退？为何中层惰性愈演愈烈？为何基层动力日益下降？这源于管理者还没有读懂"人"。管理其实是一场心理博弈战，管理过程中，最重要的是通过言行懂得员工的心理，懂得员工的性格，从而有效了解员工，进而达到正确用人的目的。

1. 读懂言行，更要读懂思想 …………………………………… 38
    (1) 语言背后的动机 …………………………………… 38
    (2) 行为背后的动机 …………………………………… 39
2. 心理学教你360度读懂人 …………………………………… 40
    (1) 如何通过微表情读懂人 …………………………………… 40
    (2) 学点心理学，运用心理效应读懂人 …………………………………… 41
3. 企业HR看人：性格决定命运 …………………………………… 44
    (1) 通过心理测验判断员工性格 …………………………………… 44
    (2) 运用观察法判断员工性格 …………………………………… 45

第四章　吸引人：让士为知己者死

> 人才是事业的根本，企业要想打败竞争对手，不被后起之秀拍在沙滩上，必须吸引人才，网罗英才。为此，团队管理者要运用有格局、有魄力、有胸怀的吸引人的心法，让别人跟自己相处能够打开眼界，放大格局，与自己相处感到温暖、放心。文化会让团队走得更远，制度会让团队走得更快，因此还要用企业文化、分配机制吸引人才，让士为知己者死。

1. 吸引人才的三大"心法" ……………………………………… 50
   （1）格局：理解行业，思考团队 ………………………… 51
   （2）魄力：有容才之德、护才之魄 ……………………… 51
   （3）胸怀：懂得分名、分利、分舞台 …………………… 52
2. 文化构建与落地，吸引并留住人才 ………………………… 55
   （1）用价值愿景满足人对前途的需求 …………………… 55
   （2）用神圣感满足人的精神文化需求 …………………… 57
   （3）统一多少人的立场就有多少人跟随你 ……………… 58
3. 用物质分配机制满足人对金钱的欲望 ……………………… 61
   （1）企业物质分配的目的 ………………………………… 62
   （2）企业物质分配操作方法 ……………………………… 62

第五章 选对人：用人先选人，人选对了，一切事情就对了

> 正确的管理理念是选对人、用对人、做对事，也就是说，找到适合的人，安排他们到适合的岗位上，就能把事做对、做好。选人是前提，用人是根本，做对事是目的。只有选对人，选择适合自己企业的人，才能创造条件用对人；只有用对人，正确地用人，把员工放在最合适的岗位上，让他们扬长避短，才能为团队、为企业作出最大的贡献。

1. 选择不能大于努力，选对才能大于努力 …………………… 64
   （1）提升认识：选人工作的重要性和风险性 …………… 66
   （2）掌握基本信息：应聘者的人口特征与资质 ………… 67
   （3）确定技术指标：建立人才选拔测评体系 …………… 68
   （4）活用面试方法：结构化面试与行为面试 …………… 69
2. 人对则事情就对，人错则好事变坏事 ……………………… 70
   （1）选对一个人，成就一家企业 ………………………… 71

（2）好员工是在观察中选出来的 …………………………… 74
3. 选择人比培养人更重要 ……………………………………… 77
　　（1）一项意义不凡的幼儿教育研究 ……………………… 77
　　（2）选人的成本低于育人的成本 ………………………… 78
4. 如何选择适合自己企业的人 ………………………………… 80
　　（1）立场一致的人 ………………………………………… 80
　　（2）独当一面的人 ………………………………………… 81
　　（3）有强烈企图心的人 …………………………………… 82
　　（4）相信你、喜欢你的人 ………………………………… 82
5. 用对人：用对的人，才能做对的事 ………………………… 84
　　（1）用对人比做对事更重要 ……………………………… 84
　　（2）事在人为：用对员工，借人成事 …………………… 85
6. 用人三大标准：态度好、能力强、忠诚度高 ……………… 87
　　（1）态度、能力、忠诚度，三者缺一不可 ……………… 87
　　（2）如何评判应聘者的态度、能力和忠诚度 …………… 88
7. 重点使用的人：态度好，能力一般强，忠诚度高 ………… 89
　　（1）态度是根本：好态度才有发展 ……………………… 89
　　（2）能力是基础：能力需要正确看待 …………………… 89
　　（3）忠诚度高是原则：这是一项重要考量 ……………… 90
8. 培养使用的人：态度一般，能力一般强，忠诚度一般 …… 91
　　（1）培养员工的工作态度 ………………………………… 91
　　（2）培养员工的能力 ……………………………………… 92
　　（3）培养员工的忠诚度 …………………………………… 93
9. 观察使用的人：态度差，能力强，忠诚度低 ……………… 94
　　（1）观察员工的态度 ……………………………………… 95
　　（2）观察员工的能力 ……………………………………… 96
　　（3）观察员工的忠诚度 …………………………………… 97

10. 坚决不用的人：态度差，能力弱，忠诚度低 ………… 98
   （1）态度差的员工 ………… 98
   （2）能力弱的员工 ………… 98
   （3）忠诚度低的员工 ………… 98

第六章 留住人：重在对人的管理上

> 留住人才可以说是整个人力资源管理中的核心问题，同时也是一项非常系统且涉及知识面非常广泛的课题。很多企业都存在留人难的问题，究其原因是管理出了问题，因此留人重在对人的管理上。人才在企业工作的驱动力，也是人才对企业的期望性需求，要留住人才，应该在管理中注重待遇吸引、培训开发、文化留人和环境留人。

1. 机制留人：完善的薪酬机制与持续提供机会 ………… 102
   （1）薪酬与福利待遇机制 ………… 104
   （2）晋升机制：持续提供机会 ………… 104
2. 培训留人：职业生涯的梳理、规划和开发 ………… 105
   （1）梳理：理清职涯脉络，明确发展方向 ………… 106
   （2）规划：分步骤、分阶段制定目标 ………… 107
   （3）开发：注重开发和人文关怀并存 ………… 107
3. 文化留人：以人为本、唯才是举、搭建成长平台等 ………… 108
   （1）以人为本：给予人才关怀、服务、尊重、保障等 ………… 109
   （2）唯才是举：用人之长，容人之短 ………… 111
   （3）成长平台：实现人才对前途的预期 ………… 111
4. 环境留人：事业发展、待遇、工作及地域大环境 ………… 113
   （1）事业发展环境：提供培训、机会和舞台 ………… 114
   （2）待遇环境：薪酬公平合理又有竞争力 ………… 114
   （3）工作环境：场地、人际、衣食住行 ………… 115

目录

（4）地域大环境：推广普通话，政府转化职能 ……………… 115

第七章　激发人：让每一个团队成员爆发能量

> 激励就是激发和鼓励，激励能够让人的能量爆发，形成巨大动力。只有学会不断激励团队，才能让团队始终保持工作的激情与斗志，从而提升战斗力及团队协作力等。激发人要关注个体的作用，以个体力量求得团队整体效果，更要注重管理者自身能力的打造。途径和方法上有自我激励、营造团队氛围、问对问题、给大脑"解锁"等。

1. 如何激发团队战斗力 ………………………………………… 118
   （1）影响团队战斗力的因素 ……………………………… 119
   （2）关键之处下功夫，激发团队战斗力 ………………… 120
   （3）执行力越强，战斗力越高 …………………………… 122
2. 如何培养团队协作能力 ……………………………………… 124
   （1）欣赏：学会欣赏，懂得欣赏 ………………………… 125
   （2）尊重：交往时的一种平等态度 ……………………… 125
   （3）信任：团队能力的基础 ……………………………… 126
   （4）诚信：人无信则不立 ………………………………… 127
   （5）宽容：团队协作中最好的润滑剂 …………………… 127
   （6）沟通：凝聚团队共识 ………………………………… 128
   （7）奉献：帮助他人，敢于担当 ………………………… 129
   （8）节俭：以小显大，见微知著 ………………………… 130
3. 个体能力：团队战斗力的重要因素 ………………………… 131
   （1）把员工当作独立的个体 ……………………………… 131
   （2）个体在团队中服从的重要性 ………………………… 132
   （3）个体如何提升自己的能力 …………………………… 133
4. 要激发别人的工作动力，先让自己有动力 ………………… 135

  （1）持续相信自己，激发前进斗志 ………………………… 136
  （2）把问题当成机会，你就永远有机会 …………………… 136

5. 团队有好的氛围，才会有好的业绩 ………………………… 139
  （1）好的团队氛围带动业绩往上涨 ………………………… 140
  （2）营造团队良好氛围，赢在方法上 ……………………… 141

6. 问对问题，有助于激发团队斗志 …………………………… 143
  （1）有效的提问——问对问题 ……………………………… 143
  （2）针对目标问对问题，才能做对管理 …………………… 146

7. 解开大脑的设限 ……………………………………………… 148
  （1）普通人被性格所困，高手使用性格和塑造性格 ……… 149
  （2）不被学历、长相、金钱等过去的事物所困 …………… 150

第八章　改变人：具备影响力，才能改变人

> 带领一个团队就如带兵，要有团队自己的做事方式和手法，这些取决于领导者本身。要想成为一个优秀的团队管理者，一定要先管理好自己，在各方面都要带头去做，身体力行，做团队的榜样，把自己优良的工作作风带到团队中去，以自己的行动影响到团队中的每一位成员。诀窍就是设身处地，站在员工的角度去思考问题，了解员工心里真实的想法。只有努力打造自己强大的领导力，才能改变他人。

1. 不要试图改变别人，只能影响别人 ………………………… 152
  （1）解析"江山易改，本性难移" …………………………… 153
  （2）不管出于什么原因，都不要试图去改变别人 ………… 153

2. 先改变自己，才能扩大影响力并改变他人 ………………… 155
  （1）改变自己要从思想开始 ………………………………… 156
  （2）改变了自己，一切都将改变 …………………………… 158

3. 领导者如何影响甚至改变别人 ……………………………… 161

（1）抓住人性的本真 …………………………………… 162
　　　（2）做个受欢迎和受尊重的人 …………………………… 163
　4. 领导者如何打造强大的影响力 …………………………… 166
　　　（1）拥有影响力的重要性 ………………………………… 167
　　　（2）领导者影响力的构成因素 …………………………… 168
　　　（3）提升领导者影响力的途径 …………………………… 169
　　　（4）如何运用影响力策略 ………………………………… 170

第九章　倍增人：培养新人，让人的价值产生裂变

> 团队倍增主要是人数的增加和业绩的提升。实现团队倍增，首先要不断推荐与跟进新人，推荐旨在使团队人数持续增多，跟进旨在使团队发展速度加快；其次要注重提高团队执行力，尤其是员工的个人执行力，高效的执行力才能创造骄人业绩。在这个过程中，通过不断地吸纳人、培养人，最终让人的价值产生裂变，为企业创富，为个人增收。

　1. 沙里淘金，推荐与跟进新人的原理 ……………………… 174
　　　（1）推荐：企业系统性支持＋推荐者的能力 …………… 174
　　　（2）跟进：遵循流程，做好引导 ………………………… 176
　2. 直销团队倍增三层次：个人、会场、团队 ……………… 180
　　　（1）个人层次：企图心＋沟通能力 ……………………… 180
　　　（2）会场层次：强化效果＋加强热度 …………………… 184
　　　（3）团队层次：吸纳新人＋培训升级 …………………… 184
　3. 直销团队实现倍增，四大法宝要知道 …………………… 187
　　　（1）定位：准确的自身角色 ……………………………… 187
　　　（2）复制：传承理念，复制模式 ………………………… 189
　　　（3）关系：处理冲突，破除宗派 ………………………… 190

（4）配合：细节及全方位的配合 …………………………… 192

4. 高效执行力：只有提高执行力，团队绩效才会倍增 ………… 193
　　（1）明确工作目标 …………………………………………… 193
　　（2）加强岗位培训 …………………………………………… 194
　　（3）遵循做事流程 …………………………………………… 194
　　（4）采取奖惩措施 …………………………………………… 195

5. 商业模式的倍增——模式创新与利润倍增 …………………… 196
　　（1）倍增利润的策略和秘诀 ………………………………… 196
　　（2）商业模式创新："一鱼多吃"案例 ……………………… 197

后　记 ……………………………………………………………… 201

参考资料 …………………………………………………………… 204

第一章 了解人：了解人性，了解本质，把握需求

人类与其他动物相比有很多弱点，但人类之所以能够战胜其他动物而最终成为万物之灵，靠的是群体精神，而这种群体精神在团队管理工作中极其重要。必须清楚的是，有效的团队管理需要了解人，从人性、人性的本质、人性的需求等方面了解人。只有充分了解了人，才能清楚团队成员的优势与不足，并按照人的本质认同人、把握人的需求，才能发挥团队的凝聚力和战斗力。

团队裂变系统

1. 了解人性

俗话说"一个篱笆三个桩,一个好汉三个帮",任何情况下,单靠自己一个人的力量是不能取得长远进步的,集体的力量是无法估量的。怎样让团队发挥出最大的能量呢?关键是人性化的管理,而人性化管理的前提是了解人性。在团队管理实践中,不了解人性就做不好管理,要做好团队管理,就要洞悉人性,顺应人欲,扶正人心。

我们来看下面这则落网之鸟的故事:

一个猎人在湖边布下罗网。不久,许多鸟儿落网了,而且这些鸟都很大。猎人非常高兴,赶快收网准备把鸟抓出来,没想到这些大鸟的力气很大,挣扎着带着网一起飞走了。猎人一看,立刻跟在后面拼命追。

一个农夫看到这种情形,就劝猎人说:"算了吧,即使你跑得再快,也追不上长着翅膀的鸟呀。"

猎人说:"如果只有一只鸟,那我是没有办法把它捉住,但现有很多鸟在网中,我追到它们是十拿九稳的。"说完,他继续追赶。

黄昏时分,所有的鸟都想回自己的窝,有的要回森林,有的要回湖边,有的要回草原,它们在网中向着自己要去的方向各自挣扎,不久就跟着网一起落下地来。这样,大鸟们就被猎人活捉了。

第一章

了解人：了解人性，了解本质，把握需求

众鸟落网之初，为了活命这个一致的目标而齐心协力，所以得以逃脱，这是团结的力量；但是到了傍晚，众鸟各怀私念，最初的合力被破坏，所以难逃厄运，这是分裂的结果。

在一个团队中，实现个人的"以一当十"并不难，真正难的是实现团队的"以十当一"。这是因为，"以一当十"只要最大限度地发挥一个人的潜力就行了，而"以十当一"则需要最大限度地发挥十个人的潜力，并且使这些潜力朝着一个方向发展。

(1) 人性：自私、自利

自私，是人的一大特点。18世纪苏格兰哲学家大卫·休谟说："人性就是自私。"自私是意识形态的概念，它是指一切以个人利益为出发点和目的的思想观念。

自私之人常常是被鄙视的，因为他们凡事最先考虑自身利益，缺乏团队合作精神，但最新两项不同类型的研究彻底颠覆了人们的固有成见。哈佛商学院与纽约大学、鹿特丹大学于2015年年底发布的一项联合研究指出：团队中如果只有无私的员工，大家都会为对方利益考虑，也会认为对方会为自己付出，致使整个团队缺乏沟通，合作过程中问题不断；也由于无私而想为其他人考虑，致使团队出现很多无效举动。

这些研究其实从侧面也印证了"鲶鱼效应"的存在：在太过考虑他人感受和利益、束手束脚地追求一团和气的团队成员之间，大胆地争取自我利益，加强了团队中的竞争意识，也能让团队中所有人提高工作效率。当然，团队中不能都是自私者，否则也会走向另一个极端。如果一家企业不鼓励员工为他人着想来进行合作，员工们也会越来越自私，而不合作的结果会对企业不利。

自利是人性的本质之一，人是自利的，这一点毫无异议，正如18世纪苏格兰经济学家亚当·斯密在《道德情操论》中所坦言："毫无疑问，每

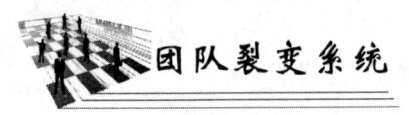

个人生来首先和主要关心自己。"我们认为,人性自利天经地义,但应该自利而不自私。

事实上,自利是我们理解自私行为和无私行为的基础。北京大学特聘教授陈嘉映在《何为良好生活》一书中说:自利比自私少一点儿道德评价的意味。比如一个女人狂热地爱上一个不靠谱的男人,这时我们要劝这个女人多考虑考虑自己的利益。这种"自利"就谈不上自私。同样的道理,在一个团队中,如果一个团队成员创造了好的个人业绩,获得了个人利益,那么对其他成员一定会有榜样作用,激励作用。

值得强调的是:自私、自利只是人性本质中相对灰暗的一面,还有更重要的善良的一面,只是大多数人都不愿意把前者表现出来,都愿意把后者表现出来。人们都知道自己有多面性,都喜欢表露自己好的一面,隐藏、克制、控制和忍耐自己不好的一面,从而使人性闪耀着光辉。正因为人性的光辉,所以这个世界还是好人多,坏人与罪恶之人是少数,而那些自私、自利的人,将导致心理变异、性格变态,最终害人害己。

(2) 人欲:利益、情感、身份

欲望是世界上所有动物最原始的、最基本的一种本能。从人的角度讲,人的欲望是由人的本性产生的想达到某种目的的要求,稍作细分,主要包括利益、情感、身份三个方面。

我们在这里所说的利益,主要指的是非掠夺性的,是靠自己努力创造和赢得的正当利益。任何团队都应该是一个利益共同体,企业打造利益共同体是获得发展的不二之选。宏观地讲,企业要想获得良好的发展,不仅需要保证劳动关系的和谐稳定,还要保证劳动的整体社会效益。因此,企业不仅要经营好自己的资产,还要"经营"好各种关系,从而打造企业利益共同体。在企业外部,要与客户、供应商、同行、异业组成合作共同体。在企业内部,要与基层员工、中层管理者、核心层管理者形成利益共同体。企业不给员工利益,就没有人会与企业同甘共苦,因此企业要处处

第一章
了解人：了解人性，了解本质，把握需求

想着员工的正当利益。

情感是态度这一整体中的一部分，它与态度中的内向感受、意向具有协调一致性，是态度在生理上的一种较复杂而又稳定的评价和体验。人们常说，人是感情动物。在社会生活中，每个身心健康的人对情感都有着强烈的需求欲望。当人得知主观愿望将要获得满足或主观愿望正在获得满足时，人就会产生出愉悦的情感现象。包括道德感和价值感两个方面，具体表现为爱情、幸福、仇恨、厌恶、美感，等等。

感情在团队生活中更多体现在人际关系方面，每一个团队成员对合作伙伴的情感欲望都是非常明显的，都希望自己能够拥有许多的伙伴。就是那些性格最孤僻的人，内心里也总是在盼望着属于自己的最亲密的伙伴。但由于"世事险恶"，结交伙伴并不是一件容易的事，找"情投意合"的知心伙伴更是难事中的难事。作为团队管理者，要善于利用团队成员相互结交的欲望，积极采取措施，为大家创造交际机会；同时，也要对相互之间的交往与合作善加引导，以增强凝聚力，提高战斗力。

关于身份，我们在这里主要讨论团队成员身份认同，因为团队成员身份认同是现代管理中团队组织要比群体组织更有效的主要表现之一。

关于群体和团队的具体区别，美国管理学家查克·威廉姆斯用了四个维度来进行区分：期望、沟通、过程和亲密程度。在期望维度上，团队的成员在参与、贡献、合作和支持方面有着比群体成员更高的期望值；在沟通维度上，团队成员对沟通框架的要求比群体成员更高，并且团队成员也需要更快捷的沟通效果；在过程维度上，团队成员的相互依赖性更强，但是在管理上的要求却要低于群体中的成员；在亲密程度这一维度上，比较群体中的成员而言，团队成员间的亲密程度更高，虽然较高的亲密程度并不一定能够保证更高的效率和更好的结果。由此威廉姆斯认为：团队中的个体成员具有强烈的组织归属感和使命感，而一般群体中的成员则仅仅将自己定位为一名普通的成员，因此团队组织要比群体组织更有效。

人类的欲望是无限的，而欲望没有善恶之分，关键是如何控制；利益、

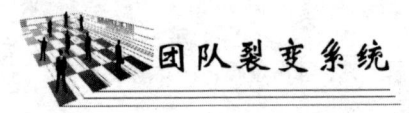

情感、身份同样无所谓好坏，关键在于个体如何控制，管理者如何管理。人生就是要不断往上走，所以高手明白不是要满足团队成员的欲望，而是要顺应他们的欲望。顺应他们的欲望后，才能获得人心，进而使用人心。

(3) 人心：懒惰、贪婪

懒惰、贪婪是人心的两大弱点，是应该予以克服的。在一个团队中，任何人的任何一种形式的懒惰或贪婪都将为害不浅，此二者有百害而无一利，是消损团队肌体的毒瘤！

偷懒，简单来说就是不想费力，包括体力和脑力。懒惰会使你以为那是安逸、是休息、是福气，但实际上它所给你的是无聊、是倦怠、是消沉；它会剥夺你对前途的希望，割断你和别人之间的友情，使你心胸日渐狭窄，对人生也越来越怀疑。懒惰的表现形式多种多样，包括极端的懒散状态和轻微的犹豫不决。

再高效的团队，都难免有慵懒的人，他们习惯在工作时打私人电话、打瞌睡；当团队成员们忙于处理事务时，他们却频繁出入休息室，或在网上闲逛，如此等等。作为团队管理者，应付团队中的懒惰之人并非没有办法。比如：让他们专心于自己的工作，不要分散注意力；杜绝他们纠结于公平问题，别让他们向其他同事说闲话或抱怨诉苦；别让他们的做事方法影响到别人；与他们沟通交流，向他们说明工作目标、期限和义务。有时他们并不是懒惰，而是工作或时间安排不当，等等。

贪婪，是一种希望占有比所需更多，尤其是指对金钱上的过分追求（指的是以偷窃、打劫尤其是以暴力或欺诈的形式搜括及聚积过量财富，或借助权力而得到的财富）。13世纪神学家圣多玛斯·阿奎纳认为贪婪是："背向神的罪恶，正如所有朽坏的罪恶一样，是人为了会腐败的东西，放弃永恒的东西。"与贪婪有关的罪恶包括背叛、不忠、叛国等。

下面来看一个有趣的例子：

第一章

了解人：了解人性，了解本质，把握需求

茫茫大海中，几只海豚在觅食。忽然，它们看到不远处游动着一个很大的鱼群，这时，它们并没有因为饥饿而欣喜若狂地冲向鱼群，因为如果那样做的话，鱼群就会被冲散。它们尾随在鱼群后面慢慢游动，并发出特有的"吱、吱……"声，向远方的同伴发出信号。很快，一只、两只、三只……越来越多的海豚游了过来，加入到整个队伍中并且一同发出讯号。当海豚的数量增加到50只时，它们依然没有停止发出信号。直到海豚的数量达到100只以上的时候，奇迹发生了：

所有的海豚将鱼群团团环绕，把鱼群全部围绕在中心。然后，它们分成小组并且秩序井然地冲进鱼群中央，慌乱的鱼群无路可逃，只能变成这些海豚的腹中佳肴。当冲进鱼群的海豚饱餐之后，它们就会游到外围去替换在外面工作的伙伴，让它们进去享受美餐。如此这般不断地循环往复，直到每一只海豚都美美地饱餐一顿。

试想，如果一只海豚发现了鱼群之后便急于求成，冲向前去猎食，即使能填饱肚子，但更多的鱼则会在海豚捕食同伴时意识到自己的危险而迅即溜走，躲得远远的。

个体的力量终究是有限的，唯有团队成员协同作战，才能造就一个成功的团队，进而反过来成就所有团队个体的成功。在海豚的世界，它们早已清楚地认识到了这一真理并且积极地付诸于实际行动中。

团队管理强调"人心齐，泰山移"，团结就是力量。团队精神可以克服团队成员在市场中的贪婪行为。为此，管理者可以敦促团队成员遵守规章制度，按计划、有方法、有节奏地从事各项工作。每个成员要保持活力、积极进取，就像步调一致的雁群那样，齐心协力，互帮互助，并在心中产生一种力量，激励自己前进。

人心都是贪婪、懒惰的，任何人不可不察，管理者尤需关注。

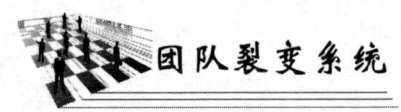

2. 人性两大需求：生理需求和精神需求

人性中有两大需求，一是生理需求，二是精神需求。生理需求是一个人最基本的生存需求和生活需求，包括衣、食、住、行、性五个方面。这方面不用多讲，但团队管理者要帮团队成员解决这些需求，他们才会跟你走。通常，在满足生理需求的基础上，人们才产生精神需求，它是比生理需求层次要高的需求，主要包括安全需求、社交需求、荣誉需求、倾诉需求、认同需求、艺术需求，等等。

现代企业的团队管理应该更加注重精神需求，要使其具有确定性、变化性、重要性、成长性，并注重人文关怀，只有这样才能让团队成员发挥主观能动性并作出贡献。

（1）确定性：团队没有跟你走，都是因为确定性不够

让你的团队跟你走，咋听起来感觉有些惑然，你的团队当然是跟你走，难道还能跟着别人走吗？其实不然，优秀的团队管理者心里都明白，带团队最难的就是让每一位成员真心诚意地跟你走。一般情况下，大多数团队的成员在形式上看似都在跟着团队的核心层或者直接领导走，但是真正一心一意的却屈指可数。为什么会出现这样的问题？其实，团队没有跟你走，都是因为精神需求的确定性不够。

团队管理者要想让团队成员真心诚意地跟自己走，就必须确定能够在

第一章
了解人：了解人性，了解本质，把握需求

安全、社交、荣誉、倾诉、认同、艺术等方面给予团队成员支持，尽可能地满足他们的需求。只有将安全、荣誉、认同等方面的精神需求与每一位成员有效地链接起来，才会使团队成员产生行动力，才会给他们带来安全感。

（2）变化性：要让团队更有激情，就要不断增加变化性

张先生是某团队的技术员。"我感觉无论自己做什么，总是会被拽到另外一件事情上，"他这样说道，"看上去就像我始终在绕圈子——我的业务、我的家庭、我自己。我无法真正地去把注意力放在某一事情上面。"

张先生所说的情况表明他缺少工作激情。其实，要想让团队更有激情，就要不断地给团队设立新的目标和挑战；要想让团队持续有感觉，就要进行持续的变化。在这之中，只要满足团队成员的需求，他们就会为你做所有事情。

有一项调查结果表明，当员工在身体、感情、心理、精神这四个核心需求上得到满足时，员工的满意度和生产效率是最高的。身体上的需求，就是在工作中有机会恢复或充电；感情上的需求，就是感到他们的贡献有价值、被承认；心理上的需求，就是有机会专注在他们最重要的工作上面并由他们自己决定在何时何地完成他们的工作；精神上的需求，就是去做更多他们最擅长也最享受的工作，同时感受到他们的工作是为了更崇高的目标。有效率的团队管理者越是在这些核心需求方面给予员工支持，员工们的工作越会投入，体现出更高的忠诚度、职业满足感，并在工作中展现正能量，同时员工的压力等级也就越低。当一个员工的某项需求得到满足的时候，和需求没有得到满足的员工相比，所有的工作绩效指数都会提升。员工越多的需求被满足，工作效果就会越好。

（3）重要性：90%的人都需要重要性，并且不同时期要满足不同的重要性

在任何一个团队里，所有人都希望得到最重要的位置，这个最重要的

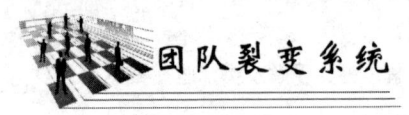

位置某种意义上说具有唯一性，因为它能够提供成长机会，能够满足物质和精神的双重需求。作为团队管理者，要清楚这种精神需求的重要性几乎是每个人需要的，并且不同时期需要满足不同的重要性需求，因此要尽可能地满足这种需求。

在很多人看来，工作的目的就是为了赚钱，养家糊口。这没有错，但工作的意义绝不仅仅是这些。比尔·盖茨是世界首富为什么还要工作？李嘉诚是华人首富为什么还要工作？像这样的例子还有很多，那么他们到底在为什么而工作呢？美国娱乐传媒巨子萨默·莱德斯通说："实际上，钱从来都不是我的动力。我的动力是对于我所做的事的热爱，我喜欢娱乐业，喜欢我的公司。我有一种愿望，要实现生活中最高的价值，尽可能地实现。"是的，正是这种自我实现的热情，使得那些拿着巨额"薪水"的人热衷于他们所做的事业，而并非单纯地为了薪水和名利。

心理学家的研究发现，金钱在积累到某种程度之后就不再诱人了。人生的追求不仅仅只是满足生存需要，应该还有更高层次的需要，更高层次的驱使。其中，自我实现的需要层次是最高的，动力也最强。一个人做他适宜且喜欢的工作，在工作中发挥出了自己的才华、能力和潜在素质，不断地自我创造和发展，他就满足了自我实现的需要。有自我实现需要的人，往往会把工作视为一种使命，竭尽全力地去做好它，使个人价值得到发挥和实现。这种富于创造性的工作，会使一个人在自我实现的过程中体会到满足感，内心更加充实。

松下电器公司的发展就是一个很好的证明。在创业之初，全体员工发誓要为达成公司的使命而团结奋斗，在工作中，他们以公司的使命为己任，为达成使命凝聚在一起，竭尽所能、全力以赴地工作。他们的这种精神，一直持续到现在。正是由于松下电器的每一个员工都具有工作的使命感，松下电器才能够发展得如此迅速，成为了日本乃至全世界著名的企业。

满足团队成员的精神需求，语言激励必不可少。语言激励能激发员工

第一章

了解人：了解人性，了解本质，把握需求

的工作动机，唤起他们的求知欲望，促进工作技能的掌握等。鼓励的话语诸如：你真的很棒！你今天做得好棒啊！我就是喜欢你这么做！没有你不行啊！我太喜欢你了！没有人可以替代你在我心中的位置！等等。

（4）成长性：给不了足够的金钱就必须满足成长性需求

万事万物都需要成长。树不成长，藤成长，藤就会缠到别的树上。父母不成长是对孩子的不负责任，只有父母成长了才会给孩子希望。团队及其成员同样需要成长，团队如果给不了成员足够的金钱，就必须满足成员的成长性需求，给成员提供培训机会、工作机会、锻炼机会，这样成员才能真正成长起来。优秀的员工有自己的成长性需求，如果满足不了这样的需求，他们可能会离开你。

给员工成长空间是企业的责任。假设你是团队管理者，你怎么给团队成员需要的空间，满足他们的成长性需求？首先，团队要为员工提供成长的环境，包括成长的氛围、帮助及机会，形象地说，就是有没有成长的土壤；其次，员工成长需要看到实效，能力的显著变化能够带来极大的激励。

给予空间、提供机会、让团队成员快乐、合理休息、为胜利而庆祝、有创意地面对问题解决问题……所有这些都应该成为团队管理的主要内容，也是企业文化的重要组成部分，这能够帮助你保持很高的员工保留率。

（5）人文关怀：满足精神需求不可或缺的要素

做人的工作必须有一个前提，那就是爱心。团队成员不愿意跟你在一起，根本原因是因为缺少爱，缺少管理者应有的人文关怀。

人人需要关怀。脆弱的人需要关怀，坚强的人也需要关怀；身处逆境的人需要关怀，春风得意的人也需要关怀。只是不同的人以及在不同境遇下所需要的关怀其内容和方式有所不同而已。有些人不接受关怀，那不是

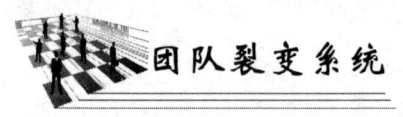

不需要关怀,而是不接受你。事实上,坚强的人内心深处往往有脆弱的一面,快乐的人在没人之处也有落泪的时候。

实施人文关怀有两个关键词:一是知情,二是及时。所谓知情,就是员工的喜怒哀乐所为何,你心中清清楚楚,才能在天冷时送上一份暖意,天热时递上一杯凉茶;所谓及时,就是在员工最需要鼓励的时候你的话来了,在员工最需要援助的时候你的手来了,虽不能普度众生,却也是深情一片,感人至深。总之,从关爱员工出发,通过深入细致的工作使员工更为愉快和满意,从而推进你的事业,这就是行大道。

(6) 贡献:员工精神需求满足后的必然结果

员工为企业作出贡献,前提是员工具有参与意识、主人翁意识,而这种意识是员工满足精神需求后的必然结果。可以设想一下,如果整个员工团队在精神需求上得到了最大限度的满足,他们一定会希望积极参与团队乃至企业的决策、生产及营销各个环节,因为他们都非常在意自己是否能够作出贡献。这样一来,多年以来的那种督促员工作出贡献的方式将一去不复返。

事实上,一些最棒的想法都来自那些有新思路的新员工,还有就是那些自公司创建之初就一直在公司工作的员工。无论是什么部门、什么级别和职位,只要有了这种积极的态度和专注精神,员工都会为企业作出贡献。

第二章 认识人:认识人才,识别人才

> 领导力的关键就是知人善任,为此领导者要打开心智模式,认识到人与人的正常差异,特别是认可与自己完全相反的性格,学习认识人的方式方法。认识人这件事说起来简单,做起来并不容易,关键是每个人都有自己的特点,更有自己的想法,这就需要做老板的能充分认可别人的价值、欣赏别人的特色。

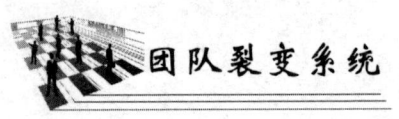

1. 认识更顶级的专家和高手，为你所用

一个东西，可以不为你所有，但可以为你所用。人才也是一样。无论是专家还是高手，只要你能够认识他并了解他，发现他背后的动机与核心需求，而你手上的项目或者资源可以满足他，你就可以跟他谈合作，互利共赢。

要让更顶级的专家和高手为你所用，认识他们是第一步。如何认识这样的顶级人才？猎头思维和星探思维是两个应该掌握的重要思维理念。

(1) 猎头思维：网罗高级人才

什么是猎头？猎头的字面意思即"网罗高级人才"，这是一种十分流行的人才招聘方式，猎头们只给最有价值的人才提供实现更大价值的机会。猎头猎取的对象是人体最宝贵的部分——头，也就是脑袋，延伸来说就是思想。企业通过猎头寻找的是聪明的脑袋、是能够推动企业前进的思想，而不是手和脚。很多公司之所以会找猎头花几万元，甚至几十万元、几百万元去挖一个人才过来，是因为这些人才身上都具备以下两点：第一，这个人知道在这个领域干什么事是有效的，干哪些事是无效的；第二，更关键的是，这个人知道这些有效的事情该怎么干。

来看下面两个例子：

第二章

认识人：认识人才，识别人才

第一个例子是：

有一次，福特汽车公司的一台电机坏了，当时所有的技术人员都束手无策，相关的生产工作也被迫停了下来。无奈之下，只好请来了一家小公司的专家斯坦门茨。斯坦门茨原本是德国的一位工程技术人员，因为德国国内经济不景气而失业后来到美国。斯坦门茨要了一张席子铺在电机旁，聚精会神地听了3天，然后又要了梯子，爬上爬下忙了多时，最后在电机的一个部位用粉笔划了一道线，对围在身边的技术人员说："打开电机，把划线处的线圈减去16圈。"技术人员照此处理后，电机马上就恢复正常了。福特汽车公司的人问斯坦门茨打算要多少酬金？斯坦门茨说要1万美元。福特汽车公司的人惊呆了——划一条线竟要这么高的价！斯坦门茨坦然地说："划一条线值1美元，而知道在什么地方划线则值9999美元。"

福特汽车公司创始人亨利·福特听说此事后，对斯坦门茨十分欣赏，决定一定要请他到福特汽车公司工作。但斯坦门茨却说："我所在的公司虽小，但是老板却对我非常好，是他给了我来美国的第一份工作，我不能见利忘义。"亨利·福特听后更加钦佩斯坦门茨的人品，于是用3000万美元买下他所在的公司，终于得到了自己想要的一位知识型人才。

第二个例子是：

井深大刚进索尼公司时，索尼还是一个只有20多人的小企业。但老板盛田昭夫却对他充满信心地说："我知道你是一个优秀的电子技术专家，就像好钢要用在刀刃上一样，我要把你安排在最重要的岗位上，由你来全权负责新产品的研发。希望你能发挥榜样的作用，充分地调动其他人。你这一步走好了，企业也就有希望了！"

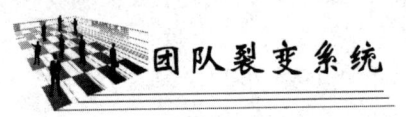

井深大虽然对自己的能力充满信心,但他知道老板压给他的担子有多重——那绝对不是靠一个人的力量能应付过来的。于是他对老板说:"我?我还很不成熟,虽然我很愿意承担这一重任,但实在怕有负重托呀!"

盛田昭夫鼓励道:"新的领域对每个人都是陌生的,关键在于你要和大家联起手来,这才是你的优势所在!众人的智慧合起来,还能有什么困难不能战胜的呢?"

井深大听了这话,一下子就豁然开朗了,说道:"对呀,我怎么光想自己?不是还有20多个员工吗?为什么不虚心向他们求教,和他们一同奋斗呢?"

井深大负责新产品研发工作一开始,就迅速地和各个部门进行沟通。他找到市场部的同事一同探讨销路不畅的问题。同事们告诉他:"磁带录音机之所以不好销,一是太笨重,一台大约45千克;二是价钱太贵,每台售价16万日元,一般人很难接受,半年也卖不出一台,您能不能往轻便和低廉上考虑?"井深大点头称是。

紧接着,他又找到信息部的同事了解情况,信息部的同事告诉他:"目前美国已采用晶体管生产技术,不但降低了成本,而且非常轻便,我们建议您在这方面下工夫。"他连忙表示:"谢谢、谢谢!我会朝着这方面努力的!"

在研制过程中,井深大又和生产一线的工人团结合作,终于一同攻克了一道道难关,于1954年试制成功日本最早的晶体管收音机,并成功地推向了市场。索尼公司由此开始了企业发展的新纪元!

井深大在团队领导过程中充分地发挥了灵魂的作用,调动了每一个员工的积极性,把团队的力量发挥到了极致,终于取得了伟大的成就,而他自己也荣升为索尼公司的副总裁。

以上两个例子说明，老板认识人才至关重要！作为一个企业领导者，运用猎头思维去认识人才，将更容易获得人才，从而使企业获得新的发展。

猎头思维用于人才的搜寻、网罗，可以帮助你少走弯路、冤枉路，但是需要你知道的真相是：猎头人的想法和思维往往跟普通人的不一样。在猴子面前放一根香蕉和一根金条，猴子只会拿香蕉，因为猴子不知道一根金条可以换来千千万万根香蕉。而在人面前放一根金条和一个营销策略，绝大部分人会选择金条，却不知道营销策略可以换来千千万万根金条。运用猎头思维，就是要筛掉那个选择金条的人，挖掘到那个选择营销策略的人。那些只知道选择金条的人和拿香蕉的猴子一样，即使守着金矿，他也当成土石。

现在这个社会上假专家太多，一些假专家太能忽悠，有的还组团忽悠，所以找到真正的专家前的工作是排除那些伪专家。有只黄鼠狼在鸡国的山崖顶立了块牌：不跳下去你怎么知道自己不是一只老鹰？然后每天在崖底等着吃摔死的鸡。这就是伪专家的套路。剔除伪专家，要会运用猎头思维，这样可以借力那些真正的专家的智慧。

（2）星探思维：挖掘人才新星

星探，就是挖掘有明星潜质的人。星探思维就是去挖掘那些正在上升的人才新星。那么，如何利用星探思维？

高手在民间。寻找民间高手就是寻找有潜质的原始股。原始股是公司上市之前发行的股票。在中国证券市场上，"原始股"一向是盈利和发财的代名词。潜质有与生俱来的，也有后天锻炼培养的。从古至今，民间高手数不胜数，春秋时期有贤才的百里奚（别称百里子、百里、百里侯），就是秦穆公用五张黑羊皮从市井之中换回的一代名相。

　　百里奚饱读诗书，才学过人，但因为朝堂里无人，都没有得到录用。在出游列国求仕期间，百里奚在知己蹇叔的举荐下，到虞国当了个大夫。后来，晋献公（名姬诡诸）运用"借道伐虢"之计准备灭虞国和虢国，虞国国君爱财如命，在收了晋国的财物后答应借道路给晋国，让晋国途经虞国去征讨自己的邻国虢国。百里奚对虞国国君述说唇亡齿寒的道理，在劝说无效的情况下，闭口不再劝谏。晋献公灭了虞国和虢国后，百里奚同虞国国君一起当了晋军的俘虏。后来晋献公的姐姐出嫁秦穆公时，百里奚被当作陪嫁的奴隶（媵人）之一送到秦国。在去秦国的途中，百里奚乘机逃离，跑到楚国。

　　这时，刚当上秦国国君的秦穆公（名任好）听说了百里奚是旷世奇才，就想重金赎回百里奚，但又担心楚国不给，就派人对楚成王（名熊恽）说："我家的陪嫁奴隶百里奚逃到这里，请允许我用五张黑色公羊皮赎回他。"百里奚当时正在替楚王牧马，楚王对这个牧马人也不在意，就答应了这笔交易。这时的百里奚已经70多岁了，但胸有大志的秦穆公不嫌其老，解除了他的奴隶身份，并与他商谈、讨教国家大事。百里奚说："我是亡国之臣，哪里值得您来询问？"秦穆公则说："虞国国君不任用您，所以亡国了。这不是您的罪过。"两人一谈就是三天，言无不合。秦穆公十分高兴，拜其为上大夫（上卿），委以国政，实际上就是把秦国的军政大权都交给了百里奚。在主持秦国国政期间，百里奚辅佐秦穆公内修国政，外图霸业，开始了秦国的崛起，为秦国最终统一六国奠定了牢固基础。因为百里奚是用五张黑色公羊皮换回来的，故被称为"五羖大夫"。

　　真正有实力的高手都出自民间，但他们都不出名，因为他们不像有些专家那样会包装自己，但他们真的是有实力、有绝活，属于解决实际问题的人。只要把这些人找到，就能够为企业带来理想的结果。只要在思路和框架上确立合伙人制度，就能够借力专家、高手为自己打工，实现多方共赢。

2. 知人善任，是领导者的第一能力

人才的管理工作是企业管理最重要的工作，有效的人才管理首先需要识别人才，发现与鉴别人才是作为一个领导者的第一能力。在这方面，团队管理者熟知并掌握一些中国传统的识人技术，对团队的发展壮大会起到很好的作用。

三国时期的曹操是一位识才惜才的人。曹操和袁绍作战的时候，袁绍找了一个文人叫陈琳，并让他写了一篇檄文《为袁绍檄豫州文》，声讨作战对象曹操。陈琳是个笔杆子，下笔千言，洋洋洒洒，他在檄文中列举了曹操很多罪状，还痛骂了曹操的祖宗三代。后来袁绍打败了，陈琳做了俘虏。曹操生气地指责陈琳说："你还敢来见我！当初你为袁绍写檄文，数落我的过错也就算了，为什么还要骂我的祖宗三代？"陈琳无奈地说："箭在弦上，不得不发耳。"意思是说：我当时奉命写文章，文思泉涌，酣畅淋漓，骂得痛快，就骂过头了。曹操听了他这含蓄的说辞，心领神会。曹操很爱惜陈琳的才华，不仅没听众人的劝杀意见，还把陈琳当作自己的笔杆子。可见，曹操是识才惜才的，这使他获得了人心。

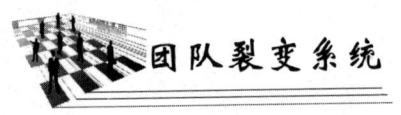
团队裂变系统

（1）人才的三个主要类型

三国时期的刘劭在《人物志》中将人分为主德和偏才两类：主德指的是领导型人才，各方面气质比较均衡，能力比较全面；偏才指的是某一方面或几方面的气质特别突出，适合做与其特长一致工作的专业型人才。其实无论古代还是现代，对于人才的类型是仁者见仁、智者见智，但总的来看，我们认为现代企业人资管理实践中经常面对的人才大致可以分成以下三类：创意型、管理型和执行型。

创意型人才从事以创意为核心的工作。有一句广告词叫作"品质改变世界"，倒不如"创意改变世界"更为贴切一些。创意是任何一家企业、任何一个项目的逻辑起点。这方面的例子有很多，比如：王旭宁想让做豆浆和做饭一样方便，这个创意变成了九阳豆浆机；25岁的佩奇和24岁的布林预见到互联网上的信息会越来越多，一个方便快捷的搜索引擎将会成为人们在网络上获取信息的必要工具，这个创意导致了Google的诞生。

管理型人才主要负责团队的组织与管理，通过合理地整合各种资源，带领团队完成任务。李嘉诚说："一个总司令，是一个集团军的统帅，拿起机关枪总不会胜过机关枪手，走到炮兵队操作大炮也不如炮兵。但作为集团军的总司令不要管这些，只要懂得运用战略便可以，所以整个组织十分重要。"

执行型人才通过各种具体的工作将创意转变为现实。一个企业要做大做强，除了要有好的战略、好的规划、好的赢利模式等之外，最关键的是要有一支执行力强大的团队，而一个执行力强大的团队，除了要有好的运营机制外，员工个人的执行力也非常的关键。可以这么说，如果员工的执行力不强，再好的运营机制也不能使团队组织变得强大；如果团队组织不够强大，那么再好的战略、再好的规划、再好的盈利模式也会付之东流。

（2）如何正确识别评鉴人才

优秀的人才一定会具备某些优秀的素质。现代人的人才标准大致包括三个方面：一是具备良好的人品；二是在博学广识的基础上，在某一个领域或某些领域有所专长；三是效率高，讲方法，洞察力强，吃苦耐劳，有创造性思维。依据这些标准，在实践中可以细化为以下四点，即识别人才的独特优势、行为方式、价值取向、业绩。

识别人才的独特优势，就是要看其独特的地方，无论是性格上的、能力上的，还是境遇上的，等等。日本电产公司在识别人才时，看一个人饭吃得快，则认为这个人很可能办事效率高；说话声音洪亮，则认为这个人很有可能胆子比较大。当然，我们在识别人才时，这里只是说明识别人才要看其独特优势，任何人才都有其独特优势，关键是我们怎样利用方法的问题。

一个人的行为方式，能够体现其思想道德水平、价值观等。识别人才的行为方式不仅要看他说的怎样，更要看他做的怎样，看其是否言行一致。观察人的善恶行为，可以辨别是否为不足信，是否坚持在大是大非、重大利益面前的原则和表现。某企业招聘时故意在面试地点的大门外放置了一个倒地的扫把，进出面试的人很多，但对倒地的扫把都熟视无睹，这令在暗处观看的老总感叹当今人们思想素质的日益低下。后来终于有一位应聘者在进门时捡起扫把放在了墙角处。再后来，这位捡扫把的人成为面试的唯一合格者。这其实是一个很普通的例子，但就是通过这样一个举手之劳的行为反映了一个人的思想道德水准。

每一个人的行为背后都有他的价值观、价值取向。所以，我们在识别人才时，不仅要看他的行为方式，还要看其背后的深层次原因，即价值取向。比如通过观察他的发言特点，是急迫还是缓慢、是高昂还是低沉、是明朗还是晦涩等，从而判断人的个性。在会议上同样是在语言上攻击别人的人，一种人可能是正直率真的性格，另外一种可能就是以攻击别人达到

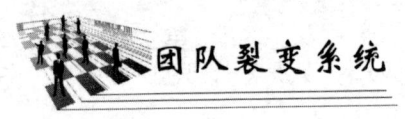

其不可告人的目的。同样的表现，要注意出发点不同，可以知道人的特点。

识别人才的关键是看其工作业绩，工作出色、业绩突出的人很可能就是我们找寻的人才。这就是结果导向。徐悲鸿识别齐白石的过程，不是通过查档案、听汇报、看出生的方式来进行的，而是通过其真正的业绩——《河虾图》来衡量其水平的。

上述四种方法的综合运用，就可以基本正确地判断一个人的道德水平、个性特征、才干取向的高低或特点了。其中一些方面通过见面就可以基本判断，很多方面则需要通过访谈了解，或在与对方共事或交代任务中判断。这些方法如能被企业很好地理解并应用，就可以准确地判断人才的类型和素质的高低。

(3) 如何从做事上识别顶尖人才

为了将顶尖人才分辨出来，除了关注简历和自荐信，还可以寻找一些迹象，即顶尖人才经常会做的事情。

顶尖人才常常谈论他们的长远目标。有才华的人并不惧怕未来，他们会为自己的事业和未来将要发生的事情感到兴奋不已。比如在招聘过程中，那些拥有惊人天赋的人将会结合公司情况对未来进行前瞻，并且会谈及如果自己得到这个职位的话，将会如何实现这些目标，因为顶尖人才对于任何情况都是时刻做好准备的。

顶尖人才在任何情况下都能展现出信心。在识别顶尖人才时，自信和傲慢就在一线之间。无论如何，自信的人能够对任何情况都应对自如，并且无论结果好坏，都能够接受现实。要识别出那些能够自信谈及自己缺点以及从缺点中得到了怎样的经验教训的人。

顶尖人才懂得该如何运用自己的才能。那些真正拥有才华的人具有广泛的技能，并且能够将它们运用到不同的角色中去，从而取得成功。顶尖人才喜欢尝试新事物，或者在一个不同寻常的情形中能够运用自身技能，并且能够分享自己的经验。

顶尖人才优先考虑结果。英才在乎结果。他们有火一样的激情去完成个人生活以及事业中的目标。为了取得理想的结果，他们非常灵活，可以在不耽误取得成功的前提下适应多种变化，并且常常谈论调整后将要实现怎样的目标。

顶尖人才喜欢冒险。在任何企业中都会存在承担风险的情况。顶尖人才并不会对冒险取得新构想的行为感到害怕，他们对此有足够强大的风险承担能力。

顶尖人才能够将激情带到岗位和公司中来。工作有激情似乎是老生常谈，但激情是一种能够将顶尖人才和平庸之辈进行区分的品质。当一个人对自己所从事的事业具有激情时，他不会害怕将此告之于未来的雇主。事实上，当一个人真的富有激情时，老板是可以从他的个性及以往经验中发现的。

顶尖人才能与各种各样的利益相关者进行有效沟通。强大的沟通者具有带领公司走向下一个层次的能力。当你与一位顶尖人才通过电话、面谈或是电子邮件进行交流时，要注意他们是如何进行交流的，这将有助于你判断此人是否具有良好的沟通技能。

当然，顶尖人才的做事方式不止上述这些，只要你能够慧眼识人，善于观察、善于发现，就不难识别、判断出你接触的人是不是顶尖人才。

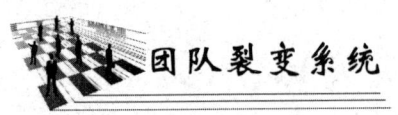

3. 认识人才，才能让高手为你所用

认识人才是一个积极主动的过程，在这个过程中，只有主动出击、疯狂出击、加倍努力、乘胜追击，才能让高手为你所用。

陈霸先（即陈武帝）是南北朝时期陈朝开国皇帝，他的用人政策不拘一格，善于任用原来的对手或敌将。陈霸先手下的许多将相，如杜僧明、周文育、欧阳頠、周铁虎、程灵洗、侯瑱、鲁悉达、韦载、徐陵、杜稜等，大都是他的战俘或被击败的对手，尤其是杜稜，曾险些被陈霸先亲手绞杀，但陈霸先都能放手任用，使之人尽其才。另外，陈霸先赖以崛起的社会基础是广大平民阶层，他的用人制度，有别于此前南方各个贵族王朝。陈霸先建立政权时，曾让广大平民出身的人进入了上流社会，冲击了向来被贵族独占的官僚市场。所有陈霸先用过的人也没有辜负他的期望，无论在陈霸先生前还是死后，都能出死力效忠新兴的陈氏王朝，这不能不说陈霸先的用人之道是一个奇迹。

陈霸先不拘一格的用人之道体现了以国家大局为重的精神，以这种精神建立起来的政权，才有可能代表大多数人的意志，不划政治小圈子，进而受到大多数人的拥护。

第二章
认识人：认识人才，识别人才

（1）主动出击，捕获人才

企业之间竞争激烈也引发了对高素质人才的竞争，而高端人才往往都是在职寻求更好的发展，除非你的企业很吸引对方，否则应聘者不会主动投递简历，那么这就需要企业主动出击、各显神通，通过多种途径捕获人才，引进人才。

刘备三顾茅庐邀请诸葛亮，诸葛亮随刘备转战四方，为蜀国平定天下，建立蜀汉政权立下汗马功劳，与吴国、魏国三分天下。刘备集团之后的种种攻略皆基于此，说明主动拿下人才的重要性。

下面来看看我自己主动出击结识人的经历：

2010年，我没有进入教育培训行业之前，已经创业六次，依然负债累累，身无分文。面临人生低谷，我不知道路在何方。一次偶然的机会，我在朋友的养生馆里看到一本关于销售的书籍，讲述了一个普通人如何从月收入不足2000元，用短短一年的时间，追随一位教练学习，努力奋斗后年入百万，成为销售冠军的故事。读完之后，我就问自己是否可以呢？我立刻翻阅书本上的电话号码，主动给对方打过去，告诉对方说我也要成为像老师这样的人物，改变家族，也要出人头地。那个助理告诉我如果想成为老师的助理，成为老师这样的人物，就必须要交19800元才有这样的机会，接受老师的辅导，快速成长。听了那个助理的话，我懵了，我哪有这么多钱？本身还负债几十万，家里父母亲又是种田的，又没有朋友肯借钱给我，我哪有可能借到那么多钱？可我转念一想，万一这是我人生最后一次机会呢？我要不要把握……回到家里，我第一次主动去找银行贷款，整整三个月时间，找遍身边所有可以帮助我担保的人帮我担保，终于从银行贷出我人生的第一笔款3万元。当钱一下来后，我立刻打电话过去说我

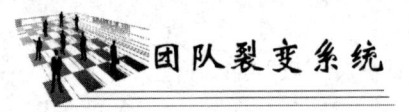

有钱了，我要把钱打过去用于学习。

那年六月份，我第一次到深圳一个五星级酒店学习，因学习而结缘了一位同学。当时他没有钱住宿，我主动掏钱帮他找酒店，他因感动而念念不忘。时隔六个月后，突然有一天，他打来电话让我去宁波参加杨涛鸣老师的走火大会。我当时刚刚关掉养生馆，身上已经没有钱了，而且学习对我好像没有效果。这个老师我也不熟悉，一堂课程仅三天需要5800元，对于当时的我来说太贵了。但这位同学并没有放弃我，整整一个多月的时间，每天几个电话说服我。我终于按捺不住，找了十几个人借款。决心已定，我背上棉被就去宁波学习，因此结缘我的恩师杨涛鸣老师，从此以后从事了"高难度"的销售行业。

我经历了许多不寻常的第一次：第一次主动借高利贷学习；第一次主动办理信用卡；第一次因欠4000元房费被人赶出宾馆；第一次因为还不起银行贷款每天被催款N次，终成银行黑户……每当遇到困难的时候，老师的话都会让我拥有强大的能量，陪我度过那些黑暗的日子。直至今日，整整七年时间，是培训行业的经历让我脱胎换骨，从一个不懂营销的人成长为销售冠军；让一个不会做企业的人，用短短1年的时间把公司开到迪拜、新加坡；让一个普通话都讲不清楚的人走向了世界的舞台去演讲；让一个只有初中文化的人出版了两本自己的书籍；让一个负债累累的人到今天一无所缺，实现了人生所有的梦想；让一个过去不懂经营团队的人，如今引领千人团队共同创业，共创辉煌，并且结缘35位兄弟一起携手人生，荣辱与共。

因为认识了一个人，所以推开了一扇门，里面坐着一群人。只要你想要，可以让更多的人推开更多的门，只要你有勇气主动迈进去，走进去，你的人生注定不同。所谓"予人玫瑰，手有余香"，我愿做那个手有余香的人。

第二章
认识人：认识人才，识别人才

企业必须坚持"主动出击"的人才引进意识，实行领导目标责任制和人才队伍建设一把手工程，把高端人才的引进、培养工作的年度量化考核纳入干部实绩评价、奖惩和使用的重要依据之一。变被动等待人才为主动寻找人才，在主流媒体和人才聚焦的网站上刊登招聘启事，积极利用各种机会大量接触人才，积极发掘并适时引进，完善对人才工作的量化考核。同时，利用交流的机会，积极沟通、紧密联系各类急需的人才，积极建设人才团队，充分发挥高端人才的作用。

（2）疯狂出击，制胜人才争霸战

在市场经济这个大丛林中，人才被视为猎物，永远在追逐、猎扑、突围中运动和演绎，如何猎获和留住企业称雄所需的人才，是当今世界最大、最激烈、最核心的竞争。只有疯狂出击，才能在人才争夺战中获胜。

深圳前海微众银行股份有限公司官网于2014年12月28日正式上线，他们有强大的高管阵容：虽然马化腾和马明哲的私人关系可谓不错，但微众银行挖起人来，可是毫不留情。据知情人士透露，除了平安系，微众银行在招商银行也挖走了不少人，而且是挖走一个一般还会带走一两个。在国有银行降薪潮中，民营银行迎来挖角好机会。腾讯发起设立的微众银行此前花重金招兵买马，不仅百万年薪挖角中高层，也给新人开出了"具有竞争力"的16.5万元年薪，有两年工作经验的管理培训生的价码是30万元。

（3）加倍努力，完善各项机制

一个企业要发展，吸引和留住人才是关键。人才不是找来的、招来的，而是吸引来的！凭什么吸引？这需要企业加倍努力。

在招聘方式多样化的今天，引进人才需要付出的不仅仅是金钱，还有尊重、信任、发展前景、企业理念等，甚至还包括现有人才的素质，因为有的人才认为能够同优秀的人共事，自己也会更优秀。因此，企业要在用

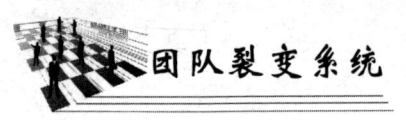

人制度、人才培养机制、企业文化建设等各个方面做到更好,正所谓"种好梧桐树,引来凤凰栖"。

(4) 乘胜追击,乘势而上

一个人"优秀"的程度很大程度上取决于他的社会阶层,或者说他的人际关系网。想要出彩,就要拓展自己的人际关系网,我们身边也不乏成功的例子。

　　1997年,马云32岁时做了黄页互联网公司后,被外经贸部聘到外经贸部中国国际电子商务中心信息部工作,一同留下的还有5名团队成员,随后他出任国富通公司总经理。1998年,隶属外经贸部的国富通公司是一个很大的平台。通过这个平台,在承建外经贸部政府站点后,马云也同诸如杨致远这样的互联网巨头建立了最初的联系。但是国富通公司仍然不是一个可以承载马云梦想的地方。1999年春节后,马云同其团队回到了杭州。这时的马云已经在互联网蓬勃发展的大潮中积累了一定的政商两界人脉。1999年孙正义会投资马云2000万美元与此有很大关系。

事实说明,只有优秀出色的人,才有投资价值,才会有高价值的人脉。如果以此为起点做逆向思维,企业要想认识人才,就要抓住优秀人才脱颖而出的大好时机乘势而上,很有可能立竿见影、收到获得人才的效果。总之一句话:乘胜追击是成功拿下顶尖人才的关键。

4. 什么是合格人才？什么是顶尖人才

合格人才与顶尖人才是两个不同的概念，谈论二者的区别让人颇为犯难。因为"顶尖人才"区别于"合格人才"或"优秀人才"的最显著特征在于：顶尖人才极具个别性，两者之间缺少共同参照的标准，一个如经由手工打造的顶尖时装，一个如流水线式机械化大生产的一般时装，根本不在一个等级。

有一位毕业女大学生参加麦肯锡公司的招聘。她的履历和表现都很突出，一路过关斩将，冲到最后一关。最后一关的题目是小组面试，这个女生伶牙俐齿、抢着发言。在她咄咄逼人的气势下，这个小组的其他成员几乎连说话的机会都没有。她认为自己在面试的时候表现得很抢眼，被录取是十拿九稳的。然而，她最后落选了。麦肯锡公司的人力资源经理认为，这个女生尽管拥有很强的个人能力，但她缺乏必要的综合素质，招这样的人对公司的长远发展少有益处。

一般来说，企业团队人才的基础构成应该是合格人才，团队管理者或具有高水平综合素质的团队成员应该是顶尖人才。既然这两类人才是团队不可或缺的两个部分，那么，不妨抛开二者的具体区别，来专门谈一谈什么是合格人才？什么是顶尖人才？

（1）合格人才：八项条件不该少

企业建立一支合格的人才队伍，能够增强企业的标准话语权，加强企业对行业或产品的掌控能力，同时助推中国经济的发展。合格的人才队伍需要合格人才，那么什么样的人才是合格人才？事实上，每个企业都有自己对好员工的价值判断标准，正如世界上没有完全相同的两片树叶一样。不过总的来说，企业所需要的人才必须具备以下几项条件：

一是敬业，有责任心。敬业是员工的工作态度，指的是在工作中严格遵守职业道德。有的人对待遇和福利的要求愈来愈高，对工作却不安心并对企业愈来愈不忠诚，这样的人就绝不是敬业。敬业是一个职业人士必须具备最重要素质，敬业的员工不论是处在什么岗位，从事何种工作，都能够认真地对待，不忽视任何一个工作中的小问题，维护公司利益，兢兢业业，尽心尽责。

二是专业能力或学习力。世界唯一不变的就是在变。在学校里学到的知识只是一个基础，只有到社会上再学习，才能使自己的职业生涯更为完美。现代社会分工细致，各行各业所需的专业知识愈来愈专、愈来愈精，因此工作能力和专业知识已经成为企业招聘人才时重点考虑的问题。企业所开展的一切工作都是以人为主体的，因此拥有学习意愿强、能够接受创新思想的职工，公司的发展必然比较迅速。

三是道德品质。道德品质是一个人为人处事的根本，也是企业对人才的基本要求。一个再有学问、再有能力的人，如果道德品质不好，也将会对企业造成极大的损害。

四是健康的身体。成功的事业需要健康的身体，一个身体健康的职工，做起事来精力充沛，干劲十足，并能担负繁重的任务，不致因体力不支而无法完成任务。

五是集体精神。在当今的社会里，一个再有效、再杰出的人，如果仅凭自己的力量也难以取得事业的成功。凡是能够顺利完成工作的人，必定具有集体主义精神。

六是沟通能力。一个企业的员工，必然要面对上级、同事、下级、客户等对象，甚至处理企业与股东、同行、政府、社区居民的关系，平时会经常对其他单位或个人进行协调、解说、宣传等工作，沟通能力的重要性质由此可见。

七是适应能力。新人初到一个企业工作，开始时必然感到陌生，但若能在最短期间内熟悉工作环境，并且能与同事和睦相处，取得大家的认同和信任，企业必定重视这类员工的发展潜力。反之，如果过于坚持己见，处处与人格格不入，或不能适应企业文化，即使满腹才学，也将难以施展。

八是反应能力。对问题的分析缜密、判断正确而且能够迅速做出反应的人，在处理问题时比较容易成功。尤其是现代企业的经营管理面临诸多变化，几乎每天都处在危机管理之中，只有抢先发现机遇，确切掌握时效，妥善应对各种局面，才能立于不败之地。一个分析能力很强，反应敏捷并且能迅速而有效地解决问题的职工，将是企业十分重视而大有发展前途的人才。

(2) 顶尖人才：三类特质需完备

在各个产业里，顶尖人才虽然寥寥可数但作用极大，有专业人士做过研究，发现明星员工的生产力比起一般员工足足高了120%。比如，苹果公司里最好的软件工程师的生产力，比其他科技公司的工程师高9倍；诺顿百货公司最杰出的销售人员的销售量，比其他百货公司的销售人员高至少8倍。那么，顶尖人才究竟是什么模样？一般来说，除了具备合格人才的条件外，顶尖人才还具备某些特质。这些特质可归为以下三类：

一是智商、价值观与动力。一个人的智商、价值观与动力在其成年后基本上不会再有多大变动。也就是说，公司难以在人才招募进来之后再企图调整，在选才阶段就应该过滤掉不适任者。在智商方面，招募人选必须要能胜任其职务，这点可以透过人选的学历背景与工作经历大致确认；价值观方面，除了诚信等基本原则以外，必须符合公司的核心价值观；动力方面，一个人想要学习、发展、追求卓越的动力，也是不可或缺的。

二是好奇心、洞察力、投入、意志力。这是顶尖人才的四大关键特质。透过观察人选是否具备这四个项目，以及前面提到的工作动力，可以有效判断一个人选是否具有很高的潜能。

三是情商很高。智商、价值观与动力需要相当的情绪智商，才能够自我管理，并管理自己与他人的关系。比起智商、学历或经验，情商的高低更能准确预测该人选未来的表现。顶尖人才情商很高，他们有很强的自制力，因此在团队合作、协同合作、解决冲突等方面能够有效地控制自己的情绪。

关于顶尖人才，我们不妨看一个例子：

> 大连市于 2015 年 3 月出台的新一轮人才政策制定了人才评价体系，将高层次人才分为三个层次：一是国内外顶尖人才，包括诺贝尔奖获得者，国家最高科学技术奖获得者，中国科学院院士，中国工程院院士，中国社会科学院学部委员、荣誉学部委员，国家"万人计划"杰出人才人选，以及相当于上述层次的顶尖人才；二是国家级领军人才，包括国家"万人计划"中除杰出人才之外的人选，长江学者特聘教授，国家"千人计划"（不含青年"千人计划"）专家，国家级重点学科、重点实验室、工程研究（技术）中心、工程实验室学术技术带头人，在国内外担任重大科技项目的首席科学家、重大工程项目的首席工程技术专家和管理专家，国家有突出贡献的中青年专家，国家杰出青年基金获得者，"新世纪百千万人才工程"国家级人选，国家科学技术进步奖一等奖前 5 名，在国（境）外著名高校、科研院所担任相

当于教授职务的专家学者，以及相当于上述层次的国家级领军人才；三是地方级领军人才，包括中国科学院"百人计划"人选，国家青年"千人计划"专家，国家科学技术进步奖二等奖前5名，享受国务院特殊津贴人员，国家级高等学校教学名师奖获得者，全国模范教师，培养出世界冠军的国家级教练员，中华技能大奖获得者，全国技术能手，国家级技能大师工作室领衔人，在世界500强或国内100强企业担任3年以上高级职务的专业技术人才和经营管理人才，在国（境）外著名高校、科研院所担任相当于副教授职务的专家学者，以及相当于上述层次的地方级领军人才。并在实施细则中，规定"国内外顶尖人才安家费为300万元，国家级领军人才安家费为150万元，地方级领军人才安家费为80万元"等，可见对高层次人才的重视。

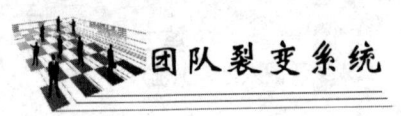

5. 顶尖人才稀缺，有机会认识就一定要拿下

顶尖人才是稀缺人才，企业用这样的人才应该有一颗"爱才如命"的心，但有的人却做得不够好。在这方面，福特二世（美国汽车企业家）的做法为我们树立了一个反面典型。

福特二世的用人原则是：谁对发展公司的事业有利，就把谁放在关键的位置上使用，即使对功臣也不搞"一劳永逸"。他的这个用人原则对福特公司来说是弊大于利。他在上任后聘用了许多经济管理精英，比如原通用公司副总经理布里奇、通用公司高级管理人员克鲁索、担任美国国防部长的麦克纳马拉、世界银行行长桑顿，等等。这些人才为公司注入了新的活力。然而，当福特汽车公司再一次步入发展正轨后，他不仅专横，而且极其不信任员工，在如此扭曲的心态之下，他将为公司立下汗马功劳的精英人才纷纷解雇，就连帮助公司推出野马牌汽车并曾于1年内为公司创利18亿美元的功臣艾柯卡也没能逃脱他的猜忌，最终也被解雇。艾柯卡的解雇事件在美国社会引起了轩然大波，众人纷纷为艾柯卡打抱不平，艾柯卡本人也在被解雇18天后到克莱斯勒汽车公司任职总经理，并决意在新的舞台上与福特展开新一轮的竞争。艾柯卡先后聘请了许多"福特人"加入克莱斯勒公司，之后陆续又有了一大批优秀的"福特人"离开福特进入克莱斯勒。福特公司因艾柯卡的离职而衰落下去,陷入了危机之中。此时的福特二世虽已意识到问题的严重性,但为时晚矣。

老板的第一任务就是找人,找到适合自己企业的人才。尤其是顶尖人才,这类人是稀缺人才,因此要发现和利用各种机会去认识顶尖人才,看到顶尖人才就主动出击,争取拿下!

(1) 扩大交际圈,认识顶尖人才

扩大交际圈是认识顶尖人才的有效途径。这是因为:第一,圈子是一个价值共同体的集合,它聚集了一群和你有相同价值观的人,可以从精神层面相互扶持;第二,圈子是一个利益共同体的集合,它囊括了一群和你有相同利益追求的人,可以从物质层面相互照应。在一个人成功的征程中,个人的知识、能力以及毅力等自身素养是必不可少的,这些是构成你成功的基础,而圈子是决定你成功与否最重要的临门一脚。一个人能否成功,不在于他知道什么,而是在于他认识谁。

扩大交际圈有很多种方法,比如,将你的圈子和别人的圈子联系起来,新的圈子将为你提供"结交贵人"的机会。值得注意的是,在新的圈子里,要更加注重塑造和树立自己的为人诚实守信、热情积极的优良品质。

现在有很多老板参加高级研修班,其实这也是一个圈子。高级研修班学员除了能够学到知识外,还将认识很多优秀的人才,可以进一步扩大自己的高端人脉交际圈。

(2) "O2O 模式":线上找人 + 线下找人

这里所说的"O2O 模式"并非电商的那种模式,而是指老板找人的两种途径,即线上找人和线下找人。事实上,老板找人不外乎线上和线下这

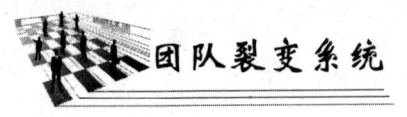

两个途径。

线上找人有许多网站可以利用。智联招聘、前程无忧和中华英才网被誉为招聘网站的三驾马车。智联和前程无忧这两家是招聘行业的门户网站，也是我们最常用的招聘渠道。另外，互联网垂直招聘也是一个渠道。垂直化招聘现在已经成为招聘行业的热词，拉勾网、猎聘网等网站，迅速诞生并引发市场关注，一时间"垂直化招聘"成了招聘行业的新趋势。如拉勾网主要是以互联网企业程序员为主，猎聘网以中高端管理人才为主。以猎聘网为例，这个网站为中高端人才提供超过500万条高薪职位信息，7万多位猎头在线为您提供找工作服务，覆盖40多个行业，发布世界500强企业最新招聘信息。在猎聘网发布招聘公告，把你的要求提出来，就会有人与你联系。另外，猎聘网作为一个平台，它也会将你的需求与顶尖人才的需求进行信息对接，从而提供双方交往的便利。类似猎聘网这样的人才平台有很多，老板要善于利用这一渠道。

线下找人可以提供"面对面"的结交机会，比如高端会所、各种高端人才交流会等，从这里可以结交到很多高层次的人才，并且在面对面的交流过程中可以深入了解。

第三章 读懂人：通过表象看本质

在市场竞争日趋激烈、不单为追求工资的"80后""90后"成为公司主体的年代，传统的"头痛医头、脚痛医脚"的管理模式已经过时。实践中，为何高管能力日渐消退？为何中层惰性愈演愈烈？为何基层动力日益下降？这源于管理者还没有读懂"人"。管理其实是一场心理博弈战，管理过程中，最重要的是通过言行懂得员工的心理，懂得员工的性格，从而有效了解员工，进而达到正确用人的目的。

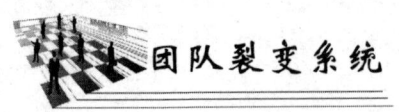

1. 读懂言行，更要读懂思想

德国古典哲学创始人伊曼纽尔·康德认为，人的行为之所以善，不是因为它产生了善良的结果，不是它本身的明智，而是因为它遵从了内心的责任感和道德法则。这种责任感或法则不是来源于经验，但却先验地规定了人们过去、现在及将来的一切行为。康德的意思很明白，即人的外在言行反映了其内心的思想。

(1) 语言背后的动机

语言背后的动机反映了人的潜意识的支配作用。美国资深的企业咨询师和精神分析专家肯·艾索尔德在《行为背后的动机》一书中写道："更多地了解潜意识，会为我们带来难以估量的帮助，它会帮助我们更好地了解自己，做出更好的选择、更好地与他人合作、更有效地加入团体，成为更好的公民。"

语言不仅仅是指所说的话，还应该包括身体方面的行为语言，或者叫身体语言。因此，研究语言背后的行为，需要细心观察说话者的各种状态。如果他们说话的声调有抑扬，那么他们可能对谈论的某事很感兴趣；如果交谈双方的身体语言很相似，这说明会谈可能进行的很顺利；如果对方看你眼睛的时间过长，那么他可能在欺骗你；豪爽的姿势体现了成就感；握拳并伸出一根手指的手势是在表现控制欲；咬紧牙关，收紧颈部或眉头紧锁表明压力重重；等等。总之，无论与什么人交往，都可以通过观察他在说话时动作的"微表情"来得知他的心思。

（2）行为背后的动机

行为背后的动机同样反映了人的潜意识的支配作用，事实上每一个人做任何事最终都是为了满足自己的一些深层需要，也就是潜意识的需求。每一个人的行为，对他的潜意识来说，都是当时环境里最符合自己利益的做法。因此，每个行为的背后，都必定有其动机。找出行为背后的动机，最简单的方法是搞清楚这个行为的企图是什么。正如有句话所说："所有行为都是有目的的，我们要区分行为的意图和结果。"

行为是显性的，一目了然，但动机是"人心隔肚皮"的心理活动，很不容易觉察，更难以正确解读，甚至可能连当事人自己都不清楚自己真正的意图到底是什么。所以，有时候，在我们看来不好的行为，其背后可能是善意，因为"好心也会办坏事"；而有时候，众生眼里的大善和义举，其背后却可能隐藏着不可告人的秘密，此乃谓"人心叵测"。可见，我们需要一双慧眼和一颗玲珑心，方能辨别身边发生的各种事情的来龙去脉，透过行为看动机。

慧眼和玲珑心并非人人能得，关键是怎么看待人性恶与人性善。相信人"性本善"和坚信人"性本恶"，在解读他人的行为上，前者必定充满了正面能量，后者则处处体现着负面情绪。能在"性本善"的动机下，多一点点警惕的觉察，那么在被他人的行为蒙蔽后，才不会觉得很受伤；能在"性本恶"的动机下，多一点点阳光的信任，那么在觉得处处是陷阱、时时需防备的焦虑中，可能会适当体会一下信任的放松。

总之，"潜意识"为我们了解许多不可思议的行为背后的原因，提供了一种新的观察视角，虽然没有理论化的模型和更多的原则、步骤，多是一些碎片式的知识点，或者一些案例，而这也恰恰正是潜意识知识的一个特点。正所谓"思想决定行为"，管理者只有懂得员工言行背后的思想，才能实施有效管理，让团队发挥出应有的作用。

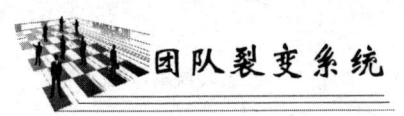

2. 心理学教你360度读懂人

每个人的每一个司空见惯的日常行为、习以为常的生活习惯里,都隐藏着不易发现的心理秘密。无意识、下意识、潜意识,无不蕴涵着内心的意思,而心理学可以给你一个360度的思考方式。

(1) 如何通过微表情读懂人

微表情识人术是一门通过人的外在表现来探测人的心理活动的学问,是认识自己、看透别人、看透人性的学问。真正的团队管理高手不仅密切关注团队成员的相貌,甚至连对方的言行举止、眼神、小动作等方面的蛛丝马迹都会认真对待。

比如,对方的口头禅是"老实说",那么这个人是真老实还是假实在?对方平时是一个沉默寡言的人,一下子变得很健谈,这里面究竟有什么猫腻?咬嘴唇、摸下巴,这些小动作又代表着什么?对一个双手抱臂的人讲话,为什么他几乎一句也听不进去……这些问题中所牵涉的细节都是人体在潜意识中发出的信号,都是管理过程中读懂对方内心意愿的关键线索。如果你误读了这些细节,就有可能导致一些不良后果——挫伤团队成员的积极性。

然而,读懂人并不是一件简单的事情,谁也不会把自己的真实想法写在脸上。识人难识心,难就难在"快"和"准"。瞬间准确地把握与判断,要靠用心看、用心听、用心问、用心想，以及毫不间断地积累和学习。比如，用心看，它要求看五官、看表情、看肢体、看衣着，等等。以看五官为例，所谓"一脸带百相，观脸可识人"。"相由心生，心在脸上"。比如一个本性悲观的人，常常悲观失望、一蹶不振，就会表现出一副无所谓，爱怎么着就怎么着的样子。这说明每个人的脸上都挂着一张反映自己肉体和精神状况的心理地图，能够反映出每个人的性格，因而通过脸来判断人的性格是切实可行的。

当然，此方法不是万能的，因为人是感情动物，你的看法可能会因当时的心情或其他状况而不够客观；而且如果对方是个懂"反侦察"的人，故意用动作去撒谎，那么也会使你得到错误的信息。不过，再高明的人也会被自己的"微表情"出卖，只要你擦亮眼睛，必会读出一个真实的对方。

（2）学点心理学，运用心理效应读懂人

世界管理大师彼得·圣吉说："三流管理者学管理知识，二流管理者学管理技巧，一流管理者修炼管理心智。"在团队管理实践中，实现员工内心认同和行动遵循，比刚性的制度约束更有效果。因此，团队管理者需要学点心理学知识，做好心理洞察。在这方面，如果能够灵活运用和处理一些心理效应，诸如南风效应、贝尔效应、鲶鱼效应、罗森塔尔效应、海潮效应等，能够收到事半功倍的管理效果。

南风效应源自于一个寓言。北风和南风比威力，看谁能让行人身上的大衣脱掉。北风先发威，它一阵紧似一阵地刮起寒风，想把人们身上的大衣吹掉，可结果行人身上的大衣越裹越紧；南风则吹起了徐徐的暖风，随着温度越来越高，越来越热，行人慢慢解开了扣子，继而脱掉了大衣。结果当然不言而喻，南风获胜。这个故事后来被心理学家称作"南风效应"，就是指你希望别人做某件事的时候，一定要设法使他自己从心里就情愿去做，而不是用强硬的手段让他去做，强硬的手段只会使人产生自我保护或

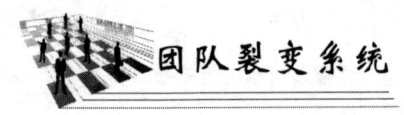

者抵触。

贝尔效应源自于英国学者贝尔,他天赋极高,很多人说他毕业后如果进行晶体和生物化学的研究,一定会赢得多次诺贝尔奖。但贝尔却心甘情愿地选择了另一条道路——甘当人梯,提出一个个课题,指引别人进行研究,登上一座座科学的顶峰。于是有人把他这种甘为人梯的行为称为"人梯效应",也称作"贝尔效应"。管理者应该向贝尔学习,自觉运用贝尔效应。一个成功的管理者,应该以单位和集体利益为先,发扬伯乐精神和人梯精神,慧眼识才、努力养才、放手用才。

鲶鱼效应源自于挪威的一位渔民,他在海上捕得沙丁鱼后,希望鱼能活着抵达港口,因为活鱼比死鱼的价格高好几倍,于是将鲶鱼装入放沙丁鱼的鱼槽。由于环境陌生、生性好动的鲶鱼四处游荡,偶尔追杀沙丁鱼,而沙丁鱼则因发现异己而紧张不已,四处逃窜,把整槽鱼搅得上下浮动,也使水面不断波动,从而氧气充分。如此这般,就能保证沙丁鱼活蹦乱跳地被运进渔港。管理中的"鲶鱼"是指那些个人素质高、业务能力强、有着较强的个人感召力的业务骨干。在管理中运用"鲶鱼效应"的作用表现在两个方面:带动作用和刺激作用。带动作用表现在那些"鲶鱼"有着较高的个人素质、较强的业务能力和较强的个人感召力,周围的人群总是在关注着他们、不知不觉地仿效并追随他们;刺激作用表现在"鲶鱼"积极向上、能力强,能够获得比其他人更多的领导关注、支持和更好的待遇,会给组织内其他人群带来压力,从而刺激他们的自尊心,若再辅以得当的引导,就会出现"比、学、赶、超"的良好工作氛围。

罗森塔尔效应亦称"皮格马利翁效应""人际期望效应",源自于美国心理学家罗森塔尔和雅各布森于1968年的实验发现,他们对学生的殷切希望,结果戏剧性地收到了预期效果。管理者运用罗森塔尔效应,需要对下属投入感情和期望,进行特别的诱导,使他们最大限度地发挥自身的主动性、积极性和创造性。例如,管理者在布置某项工作时,应该对下属如是说:"我相信你一定能办好""你们能够胜任这项工作"等。如此一来,下属就会积极地向你的期待迈进，自身的能力也会很快有所提高。

　　海潮效应源自于自然现象。天体的引力会影响大海的涨落，引力大的时候会出现大海潮，引力小的时候会出现小海潮，引力太弱的时候则不会出现海潮。海潮效应对于团队管理也有重要的意义。一个组织要生存和发展，管理者必须通过调节人才的待遇等措施，实现人才的合理配置，加大组织的人才吸引力。不妨学习一下很多知名企业的管理口号："以待遇吸引人，以感情凝聚人，以事业激励人。"

　　总之，按照员工不同的心理需求来管理才是最有效的方式。而运用南风效应、贝尔效应、鲶鱼效应、罗森塔尔效应、海潮效应等，则能充分调动团队成员的积极性，从而使人尽其才、才尽其能，实现团队及个人价值最大化。

3. 企业 HR 看人：性格决定命运

作为企业 HR（人才资源管理者），尤其是负责识人、招人的 HR，对性格的把握度要求特别高。那么，如何才能准确识别出人的性格呢？不妨双管齐下，运用心理测验和观察法这两种方法，并将两者结合起来运用，一般就能作出精准判断，这是合理配置员工与岗位的前提，也是制定员工职涯规划的基础。

（1）通过心理测验判断员工性格

心理测验是一个纯粹的技术手段，许多相关理论及工具如九型人格、大五人格、PDP（行为风格）、MBTI（职业性格）等，如果使用不当，会造成给人"贴标签"的情况。作为 HR，在使用心理测验工具的时候，一定要注重找到符合组织价值观的人。这就要求 HR 搞懂这些工具的根本目的是什么，通晓工具如何使用，否则是做不好 HR 的。

在心理测验的各种理论及工具中，大五人格相对来说能够全面细致地了解人的性格特征，更容易找到细微的差别，测评人岗匹配度。大五人格也被称为人格的海洋，是近年来研究者们在人格描述模式上形成一致共识后提出来的，有人称之为人格心理学中的一场革命。大五人格模型包含四个人格特质，即意志力、外向性、宜人性、控制力和情绪性，这些方面可以被用作认识自己和了解他人的实用方法。那么，如何运用呢？我们举个例子来具体说明：

刘涛算是内地女演员中不可多得的一员，剧里角色多变，剧外强势中有柔情，温婉又独立。虽然嫁进了豪门，但还是闲不下来，她选择过自己不一样的别致人生，嫁进豪门却只身撑起了豪门，也为丈夫撑起了一片天！既能赚钱养家，又能貌美如花的刘涛，她的性格鲜明、极具特点。用大五人格直观形象地描述刘涛的性格，可以得出如下大五人格特点：在意志力方面，意志坚强，自信笃定，拥有重塑一切的能力；在外向性方面，雷厉风行，做事果决，时刻都是精力满分；在宜人性方面，谦虚有礼，待人温和，力求做到尽善尽美；在控制力方面，自律尽心，以身作则，凡事都能做到成竹在胸；在情绪性方面，宠辱不惊，有带动性。

企业的 HR 在用大五人格的时候，也可根据上述的意志力、外向性、宜人性、控制力和情绪性为自己或他人进行性格描述，从而更好地认识自己和了解他人。

(2) 运用观察法判断员工性格

当你遇到懂得心理测验的人，心理测验就会失灵，这个时候就要靠观察了。下面就来讲一讲如何运用观察法来判断员工的性格特征。先来看一个例子：

有一家资产管理公司的老板，他每次招聘新员工，都要在员工入职之前请大家吃饭，这是他雷打不动的习惯。他这样做，是为了观察新员工的各自吃相，由此判断他们的性格。比如，坐领导身边的人更积极也有可能是马屁王；吃饭吧唧嘴不礼貌，但吃面条不出声则太刻意；从不转一下转盘的人，过于压抑自己的需求；敬酒词说得天花乱坠的人，多是说一套做一套等。这个老板从吃相来判断一个人，是有一定道理的。饭局饭局，现代人的饭

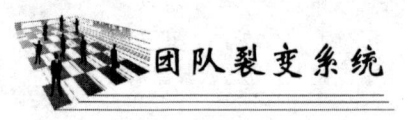

局也是社交,既是吃饭也是做局,在饭局中通过观察吃相来判断一个人的性格,可以说是见微知著。

观察是判断一个人性格的最重要方式,需要我们像剥洋葱一样,每剥一层都能发现很多的性格信息,直到剥得"体无完肤"为止,这时候我们就全方位、系统性了解他,然后进行性格特点归纳、匹配,就可以预测出他能不能和我们在一起、未来将是怎样的反应。

具体如何操作呢?

一是观察他与陌生人如何相处。作为 HR,面对陌生人是最多的,在见面的那一瞬间,应聘者在你这个陌生人面前是内向的还是外向的?是"人来疯"还是"慢热型"?这是最容易判断出来的。观察应聘者在陌生人面前如何相处,可以判断出他的性格特点。

二是观察他与朋友如何相处。一个人在社交场合中的角色,反映了他的影响力是怎样的程度。所以,在与应聘者见面后,最好能找到他的朋友来互动。如果没有这种必要或者不具备这样的条件,那么在面试中也需要安排这样的面试内容提问,越具体、越详细越好。观察应聘者在朋友圈中说的话是否有分量?是否获得朋友圈的尊重?他的朋友一般是在什么情况下与他联系?他是否会被朋友说三道四或嘲弄?他是否在朋友中主动提出活动建议还是被动接纳?……考量这些指标,都可以看出应聘者的性格特征。这里要注意的是,职场朋友和生活朋友是两码事,要做细微区分。

三是观察他与家人如何相处。家庭是安全感系数最高的地方,在放松的情况下表现出最本能、最真实的性格。观察他与家人如何相处也可以判断出应聘者的性格特征。

四是观察他的情绪反应。情绪控制有无效果,反映了一个人情商的高低,从这个意义上讲,HR 应该对应聘者进行压力面试,观察他在被顶撞、反击、挑衅、挫折、拒绝等状态下是如何回馈的,借此可以看出他的情绪处理能力,从而判断出他的性格。

五是观察他在生活中的细节。作为 HR 要多多体会细节,生活中的每个细节，都是有其固定内涵的，如果自身忽略对细节的归纳和总结，就不能找到和发现应聘者的细节。

六是观察他在"两难"境地时的反应。很多HR都喜欢使用"两难"情景问题或者案例，借以考察候选人，这样做的目的是看他有怎样的偏好。通过观察，可以从中发现应聘者的本能性格。

作为HR一定要认识到：性格本身无好坏，只有适合不适合，同时人的性格也是可以改造的。因此，在判别出一个人的性格，并符合公司的主流价值观之后，HR就一定要在以后的工作中发挥其性格优势，同时要扬长避短，帮助他创造出一个员工应有的价值。

总的来说，在对性格的把握上，仅仅以心理测验或观察法中的一种手段来判断是不够严谨的，心理测验工具的使用，只能在短时间内使HR快速地了解一个人，而不能全面深入、细致周到地了解一个人，但观察法足可以做到。所以，一定要把这两者综合起来运用。

第四章 吸引人：让士为知己者死

> 人才是事业的根本，企业要想打败竞争对手，不被后起之秀拍在沙滩上，必须吸引人才，网罗英才。为此，团队管理者要运用有格局、有魄力、有胸怀的吸引人的心法，让别人跟自己相处能够打开眼界，放大格局，与自己相处感到温暖、放心。文化会让团队走得更远，制度会让团队走得更快，因此还要用企业文化、分配机制吸引人才，让士为知己者死。

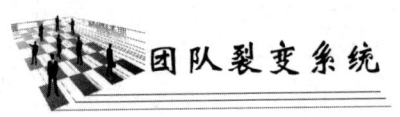
团队裂变系统

1. 吸引人才的三大"心法"

吸引人才,格局、魄力、胸怀这三大心法必不可少。古代杰出的政治家大都是这方面的高手,唐太宗李世民就深谙此道。

唐太宗认为:"致安之本,唯在得人。"意思是说,治理国家的安定,唯一的办法就是得到优秀的人才。一方面,为了改善吏治,争取各方支持,唐太宗选拔任用了许多有才能的人担任要职,其中包括原秦王府的臣僚、追随李建成反对他的政敌、关中军事贵族和南北士族、出身低微的寒门士子,等等。这些人出身不同,并且代表了各种势力,唐太宗任用他们,也就争取了各方的支持。另一方面,唐太宗注重以才取人甚至破格用人,所以在他统治时期人才济济,出现了一大批对国家的治理有杰出贡献的著名将相,如房玄龄、杜如晦、魏征、李靖、李勣等。这些谋臣猛将为李唐王朝贡献了自己的聪明才智,保证了战后唐初的政治稳定和经济发展,最终形成了"贞观之治"的局面,以致使唐代成为公认的中国最强盛的时代之一。

无论一个国家还是一个企业,若要取得进步和发展,都要善于发掘和运用各种人才,而格局、魄力、胸怀就是吸引人才的三大心法。格局足够大,才能既让自己成长为"大老板",也能让员工获得成长,成为将才。有魄力讲究的是惜才爱才,注重容才、护才、育才。有胸怀,毫无疑问这是成功者的标志,它注重分名、分利、分舞台。

(1) 格局：理解行业，思考团队

作为团队管理者，做人的格局，一定要大气。优秀企业都是靠格局发展起来的，无数事实也说明了这样一个道理：管理者的格局，就是团队的结局。因此要成功一定要扩大格局，如果一点点挫折就让你爬不起来，如果一两句坏话就让你不能释怀，动不动就讨厌人、憎恨人，那格局就太小了。

团队管理者的格局包括两个重要内容：

一是理解行业。以采销团队的管理者为例，由于他肩负了公司对某个品类赋予的一些使命，所以他需要对这个行业本身有一定的理解，需要了解所在领域的领导者是谁、行业整体的特性是什么样子。不同行业的本身是不一样的，但商业本质应该是一致的，管理者本身要保持这个敏锐度，包括对整个市场趋势要有一个比较前瞻的思考。二是思考团队。这方面要在"精细化管理"上下功夫，也就是说，对需要具备的能力、判断以及整个管理方式，都需要有一个新的进步。

理解行业是管理者的自我修行、自我提升，是打开视野、更新理念的必要之举，而在具体的管理实践中，更多的则是要将精细化管理落地。这需要做到四点：一要相信员工，不相信员工就谈不上格局；二要有利他之心，没有利他之心、利他之举就没有格局；三要帮助员工，不能帮助员工就没有格局；四要布道，没有布道，企业文化、让文化落地就没有格局。

(2) 魄力：有容才之德、护才之魄

要吸引人才，就要有惜才爱才、保护人才的魄力。一个优秀的团队管理者一定要有容才之德、护才之魄，这样才有助于培育出更多人才。

许多卓越的领导者能在群雄中称霸，容人的雅量正是其成功的关键，容才之德已经成为成功领导者的必备素质。事实上，世界上没有完美无瑕的人，即便是被人们公认的人才，也很难是个全才。人才虽有所长，也必

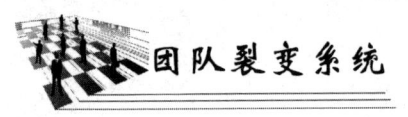

有其短,而且常常是优点越突出,缺点也越明显。所以,领导者一定要有容才的雅量,要能容忍人才的特点和缺点。"宰相肚里能撑船""小不忍则乱大谋"都是现代企业领导者应该谨记在心的格言。

对于人才,不但要有容才之德,还要有护才之魄。这是因为,人才大多有非同一般的真知灼见,甚至某些新颖的观念可能会被视为"异端邪说",或是某些行为会被周遭视为"胡作非为",所以,这些人才可能会遭到一般人排挤,或是与其他人存在某种程度的"对立"。在这种情况下,一个优秀的领导者应当勇敢地站出来,力排众议,无畏地保护人才。无数的事实强有力地证明了,只有"有胆识骏马,无畏护良才"方能培育出更多人才。

(3) 胸怀:懂得分名、分利、分舞台

马云曾经说:"心中无敌,则无敌于天下。"这句话背后的含义其实只有两个字——胸怀。所谓"海纳百川,有容乃大;壁立千仞,无欲则刚",这种胸怀,才是成功者的标志。

有三只饥饿的老鼠相约一起去油缸偷油喝,到了油缸边上,却发现油缸非常深,而油却在缸底,只能望着油缸眼馋,个个急得抓耳挠腮。最后它们想到了一个好办法:测量油缸的深度,然后首尾相接深入油缸去喝油。通过测量,发现首尾相接的长度恰好比油缸边沿到缸底油层的距离长出一些。然后又约定,大家必须有福同享,谁也不能私自独享,前面下去的一定要给后面下去的留下一定的油。为了确保公平,它们又决定了彼此之间谁先谁后的顺序。

三只老鼠开始了偷油行动,它们一只咬着另一只的尾巴,首尾相接,依次被吊下缸底去喝油。在游戏中,首先胜出的小老鼠排在了第一位,它闻到了浓烈的油香味,忍不住在里面贪婪地喝

第四章

吸引人：让士为知己者死

了起来。它一边喝，一边贪得无厌地想：一共就这么一点点油，如果大家一起分，那都只能喝一小点儿，反正它们都排在我后面，倒不如我自己先喝个痛快！这样想着，小老鼠更加用力地喝着油。

前面的小老鼠喝油时传出的"咕咕"声以及喷香的油味强烈地刺激着它身后的第二只老鼠，第二只老鼠一边看着小老鼠喝油一边想：油越来越少了，如果让前面的小老鼠喝光了，那我岂不是白忙一场？与其眼睁睁地看着它把油喝完，还不如我也下去痛痛快快地喝上一些！带着这种想法，第二只老鼠很快就松开了第一只老鼠的尾巴，纵身一跃，一头扎进了油缸，开始大口大口地喝起油来。

在第二只老鼠往下一跃的同时，吊在最上方的第三只老鼠也怀着同样的想法跳进了油缸，因为它可不愿意白白地为两只伙伴"奉献力量"。就这样，三只老鼠全都跳进了油缸里，它们一心想着尽可能地多喝一些油，不要让同伴抢走到口的美食。

其实，油缸里的油足够这三只老鼠喝个饱。等到三只老鼠个个喝得肚皮滚圆，心满意足地准备离开时才发现了自己的处境：油缸上面没有任何一个同伴接应自己，而自己全身的皮毛和脚爪都被油浸了个透，光溜溜的，谁都没有办法再爬出油缸了。

几天以后，油缸的主人来到油缸旁边，把油缸里被活活困死的三只老鼠扔进了垃圾桶。

这三只老鼠死于狭隘的自私，根本谈不上胸怀！什么叫作胸怀？所谓胸怀，就是懂得分名、分利、分舞台，而且敢分、会分。对企业老板来说，懂不懂得分和敢不敢分，体现了一个老板的胸怀。普通老板分人、分力、分心、分家，自己独干做老大，结果身心俱疲、力不能支；优秀老板分名、分利、分舞台给员工，让每个员工都成为企业的主人翁，结果众人

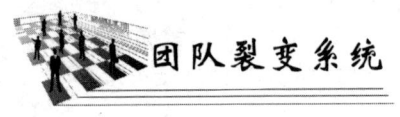

合力,基业长青!

所谓分名,即分权或授权,也包括分享荣誉等,这些举动的必要前提就是胸怀宽广。以授权为例,授权者要宽容豁达,甘当扶梯,敢冒风险。授权是一种巅峰的领导艺术,达到了"手中无剑,心中也无剑"的境界。不愿授权者,只能证明其人在实质上就只具有下级职务的水平,对低层次的工作驾轻就熟而不善于高层次管理。

所谓分利,即分利益。团队管理者要有分利益的胸怀,合理散财人心才能聚。比如,建立合理的薪酬制度,这是分利的保障;日常团队成员过生日、结婚生子等,或者逢年过节等重要节日,在利益分配上不能吝啬,要送上一份贺礼,有时还要为团队成员的父母献上一份心意等。这是一种胸怀,也是一种境界。

所谓分舞台,就是将企业这个平台比作舞台,给员工提供在企业平台成长的机会。海尔认为,互联网时代的原动力是平台,企业平台化是大势所趋,必须这么做。海尔在商业模式创新中的目标就是"三化"(企业平台化、员工创客化和用户个性化),而企业平台化是第一位的。企业平台化就是使企业让全球的资源都可以为你所用,用在员工身上。成长诉求是每个员工的心理"刚需",员工的努力和成长如果得到企业这个平台及时的鼓励和满足,势必会进一步提升个人能力及对企业的认同度。而员工持续发展的能力也决定着企业的发展。因此,作为管理者,应当把鼓励和帮助员工成长作为基本理念,学会运用各种手段提高员工的积极性、创造性,挖掘他们的潜能,使他们既为企业作出最大的贡献,也为自己的未来奠定更好的基础。管理的厚度与深度,请记得用我们的胸怀去丈量!

第四章
吸引人：让士为知己者死

2. 文化构建与落地，吸引并留住人才

1917年，当布尔什维克的革命者攻击冬宫时，沙皇的军队没有阻拦，所以革命成功了。他们没有阻拦的原因，是因为沙皇没有拨给他们足够的军饷。没有足够军饷的原因，是因为沙皇尼古拉先生痛恨军人们整天喝得醉醺醺的，没有战斗力，于是下令在全国禁止伏特加的买卖；伏特加不让卖了，就没法从买卖中征税了，而当时伏特加税，居然占俄国政府收入的三分之一。如此看来，沙皇尼古拉本想整肃军队，没想到因为缺钱而动摇了统治基础，给自己挖掘了坟墓。尼古拉没有满足军人的需求，所以亡国了。

同样的道理，在企业管理实践中，如果员工的各种需求得到持续满足和得到足够多的解释与沟通，那么他自然愿意留在企业，不然就会出现"民困而主不恤，下怨而不上知，俗已坏而政不修"的局面，这个时候你想要员工有什么凝聚力、向心力，就变成空谈了。因此，企业文化的"意义建构"即"用价值愿景满足人对前途的需求"就成了企业文化建设的核心方向；同时，文化的落地有助于老板树立威望，也可以打造统一意志，规范统一行为。这些都对吸引人才及留住人才具有重大意义。

（1）用价值愿景满足人对前途的需求

用价值愿景满足人对前途的需求是企业文化"意义建构"的主要内容。企业是否有价值愿景要看老板怎么对待，也就是老板真正能让员工看

到未来的希望。什么样的老板能给员工前途？人品好的？学历高的？能力强的？大气的？慈悲的？这些统统都不是，核心是老板必须有价值、有愿景，是一个干大事的人，只有老板干大事，才能给员工前途和未来。

每一家企业都有自己的宏伟愿景和蓝图，只有这样才能吸引到顶尖的人才。来看下面几个例子：

马云因为描绘阿里巴巴未来的愿景，所以吸引了顶尖人才蔡崇信，使其甘愿从500万元年薪选择500元月薪，一起奋斗。之后又吸引顶级投资大师孙正义投资2000万美元。如果你没有卓越的未来，就无法吸引卓越的人才。

子鸣文化用短短1年的时间能在东北快速崛起，从会议人数300人左右到今天要承办万人演讲大会，这其中的关键就在于愿景吸引了各行各业的精英，共同缔造了子鸣文化传奇。

未来，我们要把子鸣商学院打造成为百年企业，成为世界500强企业，让全世界每年都能举办子鸣万人演讲会，让世界听到中国人的声音，让子鸣商学院成为世界团队建设领导品牌。

未来，我们要培养99位全球讲师，打造3000位创业家导师，成为明星名师的摇篮，让世界每个需要子鸣商学院的地方都有子鸣商学院的身影，推动线上商学院在美国纳斯达克上市，把子鸣服饰打造成为世界级的服装品牌，为100所希望小学成立扶贫公益奖学金。

未来，我们会依托教育培训平台搭建一个创业家的基地。致力于解除企业、创业者资金、项目、人才等方面的困扰。公司自成立以来，始终秉承"以最短时间帮助1亿人成为领袖"的公司使命，本着"和谐、共赢、一致、效率、卓越"的价值观，以"成为世界第一名教育训练机构"为目标，定位于打造创业家领袖的摇篮，正是这些愿景吸引了35位各行各业卓越的领袖成为兄弟，成为公司的核心力量、中流砥柱。

某公司的朱总经理，员工们对他的人品、能力、学识毫无了解，但大家都愿意跟随他，原因就是大家都认为朱总经理是一个做大事的人，跟着他干有希望。而朱总经理自己也时刻把这种"做大事"的印象和感觉传递给员工，所以他在员工当中很有威望，也就能领导这些员工。

不难看出，"用价值愿景满足人对前途的需求"是老板应有的智慧，有了这个智慧，老板甚至无需让员工了解自己的人品、能力、学识，只需不断传递给员工这印象跟感觉即可。这就是领导力背后最大的玄机。

具体如何操作？通过视觉、听觉、触觉，不断地跟员工重复企业的价值愿景和战略目标，具体来说，就是要不断地给员工描述企业的价值愿景和战略目标。事实上，所有组织成功背后的秘密就是经营两个字：希望。老板要经营员工的希望，进一步讲，在任何一个团队中，都是胆小的跟着胆大的，胆大的跟着胆大包天的，胆大包天的跟着胸怀大志的领袖。

（2）用神圣感满足人的精神文化需求

用神圣感满足人的精神需求是企业文化落地的一个重要方法。在团队管理过程中，唯有进入员工的精神世界，从管理者的体内长出让员工崇拜的神圣感，就能产生生生不息的源动力，这样管理者才能驾驭员工。何为精神世界？就是那种舍我其谁，我不下地狱谁下地狱、我不来承担谁来承担的精神。老板有了这种精神，就能从体内长出来神圣感，从而驾驭员工。

如何进入精神世界？先要获得崇拜。人拜天，是人需要天；人崇拜马云，是人们需要马云；人拜佛，是人需要佛。由此得出结论：任何人都需

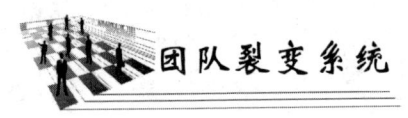

要一个精神偶像,精神信仰。在一个企业中,那就是员工越崇拜老板,老板则越会生出神圣感,不崇拜不会生出神圣感。比如老板带几个亿资产准备移民,但全公司员工都这样跟老板说:"老板,没有你我们怎么办?"此时,老板瞬间从体内生出了神圣感,于是与自己对话:"我不来承担谁来承担这个事……"最后觉醒,不去移民了。不是老板想成为精神领袖,而是因为老板在带领员工、帮助员工的过程中,员工产生了感恩之心,因而引发无数员工需要这个老板,崇拜这个老板,最后这个老板就成了员工的精神领袖。

老板想成就大业,不要过分执着于目标、理想,只需每天做好当下事,比如分给员工薪酬、帮助员工成长等,这样员工就会需要你,崇拜你。

具体来说,得到员工的需要和崇拜,核心有三点:

第一,帮助员工成长。你帮助10个人就会引发100个人需要你,你帮助100个人就会引发1000个人需要你。第二,拥有超越员工的能力和境界。凡事你会而员工不会,员工就崇拜你。如果你想成大业,就要拼命,一心往上长,老板往上长的速度越快,员工崇拜你的速度就越快,就算多数员工跟不上来,也会有高水平员工看到这些,因而需要你、崇拜你、跟随你。第三,老板想得到员工的需要和崇拜,必须先成为员工心中想成为的人。"80后""90后"想成为什么样的人?想成为有钱人,想成为有气质、有自由、有控制力的人,时尚、有智慧、有口才、开豪车、穿名牌等。老板想得到员工的需要和崇拜,就必须先成为这样的人,老板必须全方位地立体式地成长,先成为员工心中想成为的人。此时,瞬间产生领导力,也是领导者的最高境界——偶像级领导或精神领袖。

(3) 统一多少人的立场就有多少人跟随你

企业文化可以打造统一意志,规范统一行为。在企业文化落地过程中,管理者要努力统一所有人的立场,让所有团队成员愿意跟随你并为你

第四章
吸引人：让士为知己者死

所用，因为统一的意志和行为可以形成上下一条心，团队稳如磐石，既使员工离不开公司，能自动自发地工作，也使老板得到解放，商业系统可以实现自动化运营。

来看下面这则寓言：

> 从前，有一位长者听到五个手指在议论。大拇指说："我最粗，干什么事都离不开我，别的四个手指都没用。"食指说："大拇指太粗，中指太长，无名指太细，小拇指太短，他们都不行，只有我是最合适的。"中指说："我的个子最高，只要我一个就可以做很多事。"无名指说："人们都喜欢我，把戒指戴在我的身上，我最有用。"小指说："他们长得那么长、那么粗，有什么用？我是小而灵活，我的作用最大。"长者听了它们的对话，语重心长地说："你们都说自己最有用，那么我就请你们来比一比，看看到底谁的作用大。"这位长者拿出两只碗，在其中的一只碗里放了一些豆子，要求五根手指分别把这些豆子拿到另一只碗里。结果可想而知，没有一根手指能独立完成这件事。

企业的团队是一个整体，统一众人立场，才能把具体工作做好。为此，通过企业文化打造统一意志，规范统一行为就显得尤为重要。现在的企业越来越重视团队的力量，当领导觉得其中的某一个人会影响整个团队时，最后的决定也只能是忍痛割爱。所以，团体中的每一个人都必须意识到自己是团队中的一分子，都必须意识到其他团队成员的存在。这就要求团队成员之间在思想、信息、态度、感情等方面进行频繁的、公开的交流，这样才能互相了解与信任，才能互相帮助与爱护，实现共赢。

企业文化落地的统一立场工作主要包括两个方面：一是思想上的统一；二是行动上的统一，这两个方面是企业文化落地的具体体现。思想上的统一，即统一员工与老板的思想，让员工想公司所想，做公司所做，让员工像老板一样自动自发地工作。行动上的统一，即生产操作规范的统

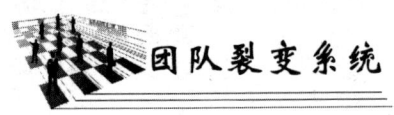

一、技术标准的统一,以及言谈举止、着装等方面的日常行为规范的统一等。

就行动上的统一而言,以着装为例,为什么公司员工需要统一着装呢?主要有这几方面:

一是树立企业形象。企业形象首先是人的形象,职业套装可以给人整齐划一、耳目一新的感觉,体现一个团队的组织性和纪律性,让人心情愉快。二是提高企业凝聚力。一个企业只有万众一心,同仇敌忾,才能将企业的人力资源效用发挥得淋漓尽致。好的职业装能够从一个侧面加强企业自豪感和体现企业对员工利益的关心。三是创造独特的企业文化。职业装在企业形象识别系统中虽然属于视觉识别的范畴,但是服装穿在人身上,也能反映员工的精神风貌,体现出一种企业的文化内涵,这是其一;其二,设计独特的职业装,还能体现企业的价值观,比如深色调和保守的职业装能够体现企业的稳健作风,而颜色和款式设计大胆的职业装则能体现企业的创新精神等。

见到企业员工的着装、言行举止,就能够看到一家企业领导的影子,就能窥探到企业文化。四是规范员工行为。无论下班时员工在干什么,上班只要穿上职业装,就能使员工马上意识到自己已经进入工作状态。如果企业能够恰如其分地将职业装与员工的行为联系起来,穿职业装的过程就相当于一次"岗前会"。要提升一个人,首先是改变其信念,而后是改变其行为,这是企业员工行为管理中很重要的方法。

3. 用物质分配机制满足人对金钱的欲望

企业文化注重满足人的精神和物质的双重需求。有文化没机制，团队就会软弱无力。这就是说，所有的文化都是以结果为导向的，因此要建立和完善分配机制。分配机制主要涉及四个方面，即工作岗位分配、物质分配、权力分配和精神分配。其中物质分配机制可以满足人对金钱的欲望，因而可以更有效地吸引人才并留住人才。

员工到公司工作，最基本的需求是为了"钱"，在满足这个基本需求的前提下满足精神需求。物质需求是精神需求的基础，那么如何满足物质需求？也就是说，物质激励应当怎么给呢？这是一个物质分配机制的问题。

海底捞每到逢年过节、员工生日时，除了给员工送心仪的礼品外，还要给员工的家人寄送礼品；如果有员工家人来探望，公司还派专车接送。海底捞的这种做法至少有如下几点好处：第一，给员工送心仪的礼品，说明公司对员工重视，员工心满意足之后就更有归属感、责任感和信任感；第二，给员工的家人寄送礼品，让家人对子女的公司放心，家人在家乡也有荣誉感和自豪感；第三，家人到访公司用专车接送，让家人更有荣耀感。正是由于这些做法，使得员工更愿意为公司作贡献，无疑有助于公司的发展壮大。

事实说明，满足员工的物质需求和精神需求，二者是相辅相成的，也

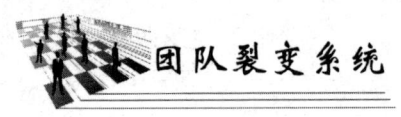
团队裂变系统

是相互促进的：满足精神需求能够激发员工的生产积极性，提高产能和产品质量，从而提高公司效益；而公司效益提高了，员工的物质需求也就更能满足了。物质分配机制的核心就在这里。

(1) 企业物质分配的目的

理想的物质分配应达到三个目的：一是提供具有市场竞争力的收入，吸引有才能的人；二是合理确定企业内部各岗位的相对价值；三是物质分配必须与工作绩效挂钩，达到激励员工的目的。

如果企业物质分配不合理，就会造成不同部门之间以及相同部门个人之间权力与责任不对称，使部分员工在比较中有失公平感，造成心理失衡。要避免这种现象，就必须合理地确定企业内部不同岗位的相对价值，就是要做好企业内部的岗位评价，针对岗位本身，从岗位的复杂性、责任大小、控制范围、所需知识和能力等方面来对岗位的价值进行量化评估，这才是从根本上解决物质分配对内不公平的关键所在。

(2) 企业物质分配操作方法

在具体操作上，企业应根据自身特点不断改革分配办法，建立合理的工资、奖金等物质分配机制，使员工的精力集中到努力工作、提高工作业绩上来。有条件的企业还可以探索建立股权、股票增值权等长效激励机制，以达到稳定管理人员和骨干员工的目的。

以股权机制为例，股权分配机制是物质分配机制的重中之重，其本质是用社会的财富、未来的财富、员工及企业上下游的财富在企业内部建立一套与利益相关者共赢的机制。在股权机制下，职业经理人获得了一定的经济权利，他们就能以股东的身份参与企业决策；员工持股计划下的分享利润、承担风险，可以促使员工勤勉尽责地为公司长期发展服务。当然，股权机制必须在进入与退出方面明确细则，这是确保股权机制顺利实施不可缺少的前提。

第五章 选对人：用人先选人，人选对了，一切事情就对了

> 正确的管理理念是选对人、用对人、做对事，也就是说，找到适合的人，安排他们到适合的岗位上，就能把事做对、做好。选人是前提，用人是根本，做对事是目的。只有选对人，选择适合自己企业的人，才能创造条件用对人；只有用对人，正确地用人，把员工放在最合适的岗位上，让他们扬长避短，才能为团队、为企业作出最大的贡献。

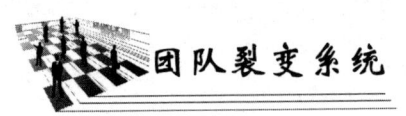

1. 选择不能大于努力，选对才能大于努力

人们常说"选择大于努力"。其实，选择是否真的大于努力，要看选择的对与错。事实上，无论任何事情，选择对了才能大于努力。"选择正确"在企业招聘过程中尤为重要，企业招聘最难的是如何正确地选人，这种选择是有风险的，只有正确选人，才能正确用人。如何正确选人？关键是确定筛选的维度。

招聘是为了弥补离职缺口和业务缺口，无论哪种，招聘者都应该在大脑里画出这个人的画像，虽然一个候选人还没见到，但某一缺口所需的性别、年龄、学历以及个性与能力等差不多就应该出来了。作为招聘负责人，如果给你一个招聘需求，你脑子里却没有这个人的画像，那说明你不善于按照缺口的要求去筛选。

某房地产投资集团公司的李老板投资了一个高档地产项目，但由于管理经验不足，他聘请的那位项目经理能力不够且缺乏责任心，眼看着天渐渐地凉下来，而工程的大部分还没有施工完。李老板每次去工地，都会眼睁睁地看着施工进度上不去，交房日期正在临近，这让他很头疼。于是，他决定招聘一个新的项目总经理来负责这个项目。

人力资源总监为了配合李老板，通过各种渠道招聘到了一位

第五章

选对人：用人先选人，人选对了，一切事情就对了

具有成功的房地产项目操盘经验的项目总经理刘青。刘青解决实际问题的能力强，并且有成功的个案，非常适合企业目前所处的阶段。刘青一到岗，就深入工程项目中去了解情况，以最快的速度摸清了项目中存在的问题，并且提出解决方案，敦促施工方加大工作力度，加班加点，最终于交房前一周完工。刘青于紧急情况下力挽狂澜，完成工程任务，得到了李老板的赏识，李老板决定重用他，让刘青组建房地产公司，并任命其担任总经理。

新组建的公司需要确立集团公司总部与新公司的管理模式及授权分权问题，总部决定工程项目招投标的财务控制权限仍然由总部控制，新公司的人事和财务负责人由总部委派。但是，刘青对总公司的这些做法不满，就开始消极怠工，以人力资源部不放权、招不到合适的工程管理人员为由，致使新开发项目的整个工程的业务处于停滞状态，让企业付出工程停滞3个月的代价，期间的人工成本等各种损失难以估量。刘青还拉帮结派地攻击其他管理人员，严重地破坏了公司高层管理团队的工作氛围。在这种情况之下，总公司只好做出了解聘刘青的决定。

这个案例说明了一些企业在招聘选人过程中普遍存在的问题，即"德"和"才"的问题。现在许多企业招人时没有科学的选人思想和标准，常常通过简单的一件事情就确定任用某个人，这是企业本身选人用人的机制问题。比如，招聘刘青时过于看重他有成功的个案。企业到底选什么样的人才，首先，必须有一个总的思想和标准来作为指导，也就是重视"德"还是重视"才"的问题。当时只认识到刘青具备解决当时公司所面临问题的能力，而没有去考察他的德。一个人来公司的核心动机、个人需求和目的，在招聘面试过程中应该测试出来，并做出基本结论。刘青来到这个企业，可能并不是只看重钱，而是看重成本的控制权限，项目的招投标的权限。后来的事实也证明，总公司没有下放财务控制权限，刘青就有

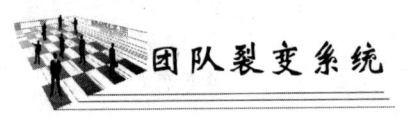

了抵触情绪,开始消极怠工,这说明他看中的是"桌子底下"的交易。因此,在招聘过程中应该对应聘者的职业人格、道德品质和个人需求等进行测试。当然还需要有一个严密的招聘流程,对于高级管理人员一定要做个人背景调查。

做到正确选人,首先提升认识,深入了解选人工作的重要性和风险性;其次是从技术层面确定筛选维度,包括掌握人口特征与资质这些基本信息、建立人才选拔测评体系、灵活运用结构化面试和行为面试方法。把握好这几个方面,就等于在你的大脑中建构了缺口所需的应聘者的模型和脸谱,从而能够保证正确地进行选择。

(1) 提升认识:选人工作的重要性和风险性

人才引进已经成了快速增长型企业的一项战略性工作,直接关乎企业的运营成本。如果企业的招聘选人没有在战略层面上运作,那么选人会给企业带来很多风险。人选错了,后续的工作就都错了,损失成本是不可估量的。比如,某员工在进入企业短期内便离职,其留下的工作很难在短期内找到人接手,这会造成生产效率的下降。此外,员工的离职也有可能会带走公司的核心机密,这样的损失都可能是无法衡量的。

美国通用电气前执行首席官杰克·韦尔奇曾经说过这样一句话:30年前,我选人的成功率为50%,30年后,也只不过提高了30%,仍然有20%的失败率。这位被称为是"全球第一CEO"的管理者在选人的过程中都有20%的失败率,更何况一般的人力资源管理者。可见招聘选人是一个需要不断学习、完善的过程。

避免选人风险需要学习,在这个过程中,树立科学的选人观非常重要。科学的选人观,其实就是符合本企业客观发展规律的选人的理念思想和标准;是企业文化核心的重要的组成部分;是企业选人工作的一个总的指导思想;也是对企业长期实践过程中形成的人才管理思想的一个提炼和总结。在实际操作中,这一标准应该用文字固化下来,作为指导各级管理

第五章

选对人：用人先选人，人选对了，一切事情就对了

者选人工作的一个总的思想、总的标准和总的原则。树立科学的选人观，有助于在战略的层面上来运作，即在合适的时间为合适的岗位寻找到合适的人选；即做到"适者适岗"，以最大限度地规避风险。

在树立科学选人观方面，那些成功企业的做法值得借鉴。比如，中兴通讯在中国通讯行业中名列前茅，此行业技术更新换代比较快，对于人才的要求较高。中兴通讯业务的快速发展对于人才的需求也在不断增加。中兴通讯在招聘过程中提出的人才标准是在各个行业领域中，全国前5%的应届毕业生，而且锁定的是重点大学、重点学科的学生。再如，蒙牛集团的企业文化手册中写着：有德有才的人，破格录用；有德无才的人，培养使用；有才无德的人，限制使用；无德无才的人，坚决不用。以上是蒙牛集团原有的人才选拔的标准之一。又如，联想的选人原则是：第一要找上进心强的人；第二个就是悟性要强，并且应聘者不要高估自己，在和人交流的时候能够迅速地把别人的优势和特长变为我所有。如果一个人的个性强到了连外力都难以打破的情况下，这个人是没有发展前途的。

(2) 掌握基本信息：应聘者的人口特征与资质

人口特征与资质是应聘者比较稳定的特点，比如年龄、性别、户口、婚育、教育经历、工作经验等等，而且其中一些信息还能相互佐证。这些信息看似简单，但是和后面提到的个性特质也是有联系的。当你确定要招一个内向而偏向研发的人员时，你拿他的履历看看社团与社会实践等经历，差不多就能确定是不是相符了。

需要说明的是，作为筛选体系的第一步，人口特征与资质与员工入职后的绩效并不存在较高的相关关系，也就是说学历高、身材高、名校毕业的人，绩效并不一定好。人口特征与资质的最大作用在于降低我们进入笔试或面试环节的应聘者数量，也就是尽量筛选掉那些不合适的人员。

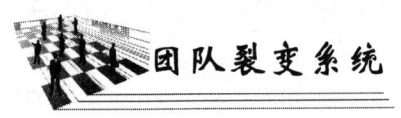

(3) 确定技术指标：建立人才选拔测评体系

某企业在人员招聘时无严格的选拔标准，而是由公司的高层决策者拍板决定，至于所选员工是否能胜任，则在工作中去衡量，如果可以则继续留用，否则便被辞退。这种选拔方式是对新人不负责任的表现，同时也增加了企业用人成本。

人才测评是一个技术体系，从面试的内容到岗位胜任力的评估，再到人员核心优势的识别都需要一系列的指标，也就是说在对某个人进行考察时，要考察哪些方面、考察哪些角度、考察哪些纬度、运用哪些方法、如何进行发展性的预测以及适配性的分析和差异性的分析，最终做出用人的决策。

企业要从以下三个方面着手构建员工素质测评标准体系：

第一，确定具体的、可衡量的选拔指标。一方面，根据企业文化选择适合企业的人才；另一方面，通过职务分析明确该岗位的人需要具备的学历、年龄、技能、体能等，这侧重于考察应聘者的能力、素质等。第二，选择合适的选拔方式。人员选拔的方式有很多种，情景模拟、结构化面试、评价中心技术、无领导小组讨论、公文筐测验、案例分析，等等。第三，选拔过程要客观规范化，很多面试官一般只凭个人感觉和喜好对求职者进行评价，而不是依据客观的岗位素质标准，这也导致很多选拔结果缺乏准确性，因此在实施之前必须要对考官进行深入细致的培训，用组织手段和程序去选人。

在人才选拔测评体系中，专业能力测评是非常重要的一个环节。在公司招聘职位中，不同职位的工作环境、任务类型与工作目标差异很大，所以就专业能力来说，并没有统一的方法。但在实操中这一块其实并没有什么太大的难题。从专业能力上应该分层去看，如果招聘一个基层 HR，就不需要应聘者拥有过高的专业能力，只要匹配目前的需求，有一定发展潜力就好。针对一般的职位来说，通过 STAR 面试法及背调等方式，或者直

接出题及上级演练，都可以了解其能力的大概情况。而如果我们招一个资深的 IT 架构工程师，作为 HR 你更不用愁了，因为他过往的履历也可以证明他的实力，况且还有公文框、情景模拟等方法，足可应付。另外，某些论坛或专业圈子的活跃度、影响力以及发表的文章和回答的问题，这些也都是佐证。

（4）活用面试方法：结构化面试与行为面试

结构化面试不同于传统的面试，它更加注重根据工作分析得出的与工作相关的特征，面试人员知道应该提出哪些问题和为什么要提出这些问题，避免了犯主观上的归因错误，每个应聘者都得到更客观的评价，降低了出现偏见和不公平的可能性，能够可靠、有效地在最短的时间内选聘到真正能够满足工作要求的应聘者。

行为面试法是通过要求面试对象描述其过去某个工作或者生活经历的具体情况来了解面试对象各方面素质特征的方法。通过对所收集信息的对比分析，可以发现杰出者普遍具备而胜任者普遍缺乏的个人素质即资质，也就是我们经常说到的"冰山模型"中水面以下的那部分素质。行为面试法可以较全面、深入地了解应聘者，从而获得一般面试方式难以达到的效果。

总之，选人是一切管理的起跑线。优秀的企业总是有一整套聘用人才的方案，分解为不同的步骤，设计各种题目，拜访应聘者原来的公司，通过一场团队的游戏来甄别人才……这些方式无不透露出一个特点：慎重与全面。

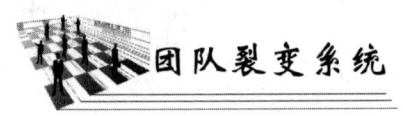

2. 人对则事情就对，人错则好事变坏事

管理大师吉姆·柯林斯曾提出了很多令人深省的理念，其中的"先人后事"对我们进行员工管理有着很大的指导意义。所谓"先人后事"，其意思是说，事情本身没有对与错，只有找对人才能做对事。

某物业公司的人力资源经理对应聘公司总经理职位的一位应聘者进行了40分钟的行为面试，最后得出结论：该应聘者所具备的管理能力能够胜任物业总经理职位，但他的道德品质一般。在行为面试之后，该公司人力资源经理又对该应聘者做个人背景调查，电话打到了他原来所在公司的人力资源总监那里。第一次被那个公司的人力资源总监拒绝了；第二次又打电话给这位人力资源总监，只是请对方客观地描述一下候选人的具体表现。这位人力资源总监说，这个人的能力非常强，在公司工作了3年，把物业管理体系制度和机制都建立起来了，事业做成之后，他的物质需求日益膨胀，当最后一个需求被拒绝的时候，第二天他就辞职了。在他辞职的第三天，他的7个直接下属即7个部门的经理在没有通知公司的情况下，1小时内集体辞职，使公司的整个物业管理陷入瘫痪状态。

像这位应聘者这样的人，用好了能给公司创造价值，用不好，其反作用力也是非常大的。所以，找对人才能做对事！

第五章

选对人：用人先选人，人选对了，一切事情就对了

（1）选对一个人，成就一家企业

选对人，做成事，做好事。选对一个人，成就一家企业；选对一个人，成就一个事业。事实上，实现从优秀到卓越的公司都是采用"先人后事"理念，也就是说，企业首先是要招聘和留住合适的人选，然后再决定企业的发展方向和战略。在这方面，腾讯和华为的做法都是值得学习借鉴的。

腾讯 HR 核心政策是以人为本。这是人力资源所有工作的基础。在人才招募时，腾讯的面试流程非常严谨和专业。腾讯员工入职时，不仅直接领导、工作伙伴甚至跨事业群合作的人员都参与到面试过程中，大家相互评介，双向选择，目的是全面了解应聘者的知识结构、工作背景、思考能力、综合素质、文化适应度和潜力，找到最合适的人选。直到现在，公司所有中级干部及以上员工的面试，集团总裁和高级人力资源部都要亲自面试，这体现一种对人才的尊重。腾讯的面试不是为了面试而面试，而是相互学习的过程，腾讯也从业界优秀人才身上听取对腾讯有启发的洞见。

在毕业生招聘方面，腾讯的目的是找到有思想、爱学习的实力派。在培养员工方面，腾讯会根据不同阶段进行相应的重点培养。对基层、中层和高层干部的后备培养，腾讯也有各自的计划。比如针对中层后备干部的"飞龙计划"，针对基层后备干部的"潜龙计划"，针对高层后备干部也有专门的培养计划。另外，腾讯推出"新攀登计划"，是针对专业技术人员晋升专家的后备培养计划，与管理人才培养形成双通道。

腾讯人才管理的实践发现：人选对了，其他就几乎都对了。比如在产品方面，如果项目一把手不行，那么大家怎么用劲都不对。因此腾讯的产品领军人物培养计划从公司现有的中级干部中产生，挑选标准包括过去的成功经历、经营意识、管理能力、创业激情等。

华为在选人上力求实现招聘效益的最大化，为此，华为结合公司的具体实际，制定了一套详细的招聘原则：

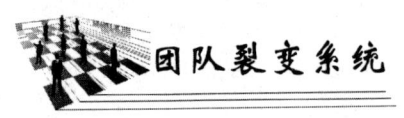

原则一：最合适的，就是最好的。

标准要求是具体的、可衡量的，以作为招聘部门考察人、面试人、筛选人、录用人的标杆。因为人才不是越优秀越好，只有合适的才是最好的。在华为，所谓"合适"，其标准如下：第一，企业目前需要什么样的人？这是"软"的素质，这由企业文化决定。即选人是德才兼备、以德为先还是以才为先？是强调个性突出还是团队合作？是开拓型还是稳健型？等等，这主要侧重于考察应聘者的兴趣、态度、个性等。第二，岗位需要什么样的人？这就是"硬"的条件，人力资源部门通过职务分析明确该岗位的人需要具备的学历、年龄、技能、体能等。这侧重于考察应聘者的能力、素质等。只有掌握了标准，招聘人员才能做到心中有数，才能用心中的这把"尺"去衡量每一位应聘者。否则稀里糊涂，根本没有办法从众多的应聘者中挑出企业所需要的人。更严重的是若是：经过"层层筛选"出来的优秀的人才在试用一段时间后发现并不适合本企业，那么将造成企业财力和精力的极大浪费。

原则二：强调"双向选择"。

华为在进行招聘的时候，会特别向招聘人员强调"双向选择"这一条，绝不能像一些企业一样，为吸引应聘者，故意美化、夸大企业，对企业存在的问题避而不谈，以致应聘者过分相信招聘企业的宣传而对企业满怀期望。一旦人才进入企业，发现企业实际上并没有原先设想的那样好，就会产生失落、上当受骗的感觉，挫伤工作积极性。因此无论是在最初的招聘现场，还是最后一轮面试的双方交流，华为始终把彼此满意作为获取人才的基础。特别是在最后安排应聘者和相关负责人谈话和吃饭的时候，负责人会把发展前景、发展现状、普遍存在的问题等实事求是地向应聘者作客观的介绍。

原则三：坚持"条条都要有针对性"的招聘策略。

企业选人是讲求"实用性"还是为后期发展储备人才？不同的目的有不同的招聘策略。华为这几年的招聘主要都是针对高校应届毕业生展开

第五章
选对人：用人先选人，人选对了，一切事情就对了

的，因此它更注重应聘者的发展潜力和可塑性，希望经过几年的培养，可以在将来用人的时候发挥作用。

原则四：招聘人员的职责=对企业负责+对应聘者负责。

招聘人员既要对企业负责，也应对应聘者负责，要树立"优秀≠合适，招进一名不合适的人才是对资源的极大浪费"的观念。在华为，招聘部门会在每年年初就主动地参与企业和部门的人力资源规划，深入一线了解企业内部人员流动去向，随时掌握企业在各阶段的用人需求，以采取合适的招聘策略，及时为企业输送所需人才。

原则五：用人部门要现身考场。

只有用人部门对自己需要什么样的人最清楚，而且招进来的人的素质和能力直接关系到部门的工作成效。宝洁前任首席执行官说："在公司内部，我看不到比招聘更重要的事了。"由此可见，招聘不只是人力资源部的工作，而是上至CEO，下至部门主管所有人的工作。在招聘的过程中，华为会要求具体的用人部门和招聘部门一起完成招聘工作，华为甚至认为用人部门对招聘的配合、支持程度如何，直接决定了招聘的成败。

原则六：设计科学合理的应聘登记表。

有的企业会事先设计一张科学合理的应聘登记表，让应聘者填写企业需要特别关注的项目，通过面试前审查应聘者填写的资料，招聘企业可以淘汰一大部分明显不符合企业要求的人员，筛选出意向对象邀请其参加面试。华为的招聘表格经过科学的设计，一张小小的表格就基本能反映出一个人的所有情况，例如，在华为的登记表格上把软件细分为系统软件和应用软件，大大降低了面试的时间。

原则七：人才信息储备就是给企业备足粮草。

招聘实践中，常会发现一些条件不错且适合企业需要的人才，因为岗位编制、企业阶段发展计划等因素限制无法现时录用，但企业很可能在将来某个时期需要这方面的人才。华为绝不会轻易就与这些人才擦肩而过，华为的人力资源中心会将这类人才的信息纳入企业的人才信息库（包括个

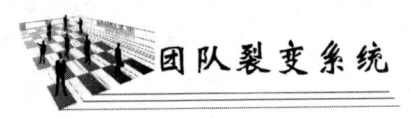

人资料、面试小组意见、评价等），不定期地与之保持联系，一旦将来出现岗位空缺或企业发展需要，即可招入麾下，既提高了招聘速度也降低了招聘成本。

为了保障人员招聘的实际效果，华为公司会在正式招聘之前建立一个面试资格人管理制度，对所有的面试考官进行培训，合格者才能获得面试资格。而且公司每年对面试考官进行资格年审，考核把关不严者将取消面试资格。华为认为，招聘人员是公司招聘人才的第一道门槛，如果这些人自身素质都很一般，那么是不可能指望他们能独具慧眼地选拔出公司需要的优秀的人才的。

腾讯和华为的做法都说明"合适人选"是企业所需，主要看内在性格特征和天赋能力，而不是专业知识、背景和实际技能。作为团队管理者，你有时可能无法重新选择团队成员并组建团队，而一旦有了这样的机会，你一定要抓住，且不可图省事把它交给人力资源部门，你应该参与招聘、选拔的全过程，并根据自己团队的特点提出甄选人员的标准和建议。

（2）好员工是在观察中选出来的

好员工是观察出来的，好员工是在观察中选出来的，多些参考依据，更能做到万无一失。那么，在招聘过程中如何观察应聘者？以面试为例，面试中面试官提的问题是引子，应聘者的反馈才是面试官所需信息的载体，所以要观察应聘者。面试官要谨慎保留所谓的"第一印象"的评价，不要先入为主，以貌取人。

面试官观察应从细入手，全面考察，既不可囫囵吞枣，眉毛胡子一把抓，也不可以点代面，一叶障目。在应聘者回答的时候面试官除了用心听外，也要用心观察，高度集中注意力，不放过一丝一毫，将典型性行为、表情等一一捕捉记录。

面试官要学会在面试中巧妙地利用沉默。沉默时间太久会让应聘者感

第五章
选对人：用人先选人，人选对了，一切事情就对了

觉不舒服，一般说来在应聘者寻找合适的词来表达自己时，你应保持沉默。面试官注意观察应聘者对你沉默的反应，他们是急于用不着边际的话来打破沉默，还是自信沉着地思考如何回答你的问题？

露齿而笑是一种积极的形体语言，盯住地板看是一种负面信号。不过积极的形体语言并非总是显而易见，需要你留心观察。自信的人喜欢正襟危坐，身体稍稍前倾。自信的应聘者不讲话时，手脚纹丝不动，不断与面试者交换眼神，而且目光坚定。面试官与应聘者握手也可以感受他们的心态，轻松自在的应聘者手暖而干，紧张的应聘者手凉而有汗。

面试官要注意观察应聘者双臂和腿的置放姿势和他们的眼神，另外也要注意应聘者讲话的语气、音调。如果招聘的岗位是企业管理职位，或需要与新闻媒体沟通，面试官一定要记住声音尖的人讲话不容易引人注意，也很难赢得别人好感。不过有的应聘者声音尖是由紧张引起的，应区别对待。

面试官要注意应聘者的紧张表现，诸如用脚敲地板、摸鼻子、用手背蹭嘴唇、拧曲手指、摆弄书写工具、撕纸等。如应聘者有以上任一表现，都有可能是由于过度紧张所致。有的应聘者笑得太多，可能是渴望面试者喜欢自己。如果应聘者不敢正视你，表现他可能不自在。上述应聘者的紧张表现仅供参考，明显的紧张行为可能还有其他的解释，应综合加以考量。

面试官要注意应聘者的回避表现。应聘者对某问题回避时，可能是因为不知道答案，也可能是因为他或她想隐瞒某些信息。应聘者有所隐瞒时，一般有以下表现：眼光躲闪，游移不定；回答问题时顾左右而言他，包括使用许多专业术语来迷惑面试者；烦躁，抓头发或摆弄手指或小物件；两腿姿势僵硬。

面试官要留心应聘者的傲慢表现。大部分应聘者在面试过程中表现紧张，需要面试者帮助解除，但也有少数应聘者在面试中表现得过分自信甚至是傲慢。与听相比，他们更喜欢讲，知无不言，好像自己的声音非常动

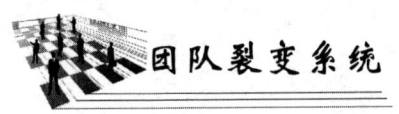

听。这可能是由于他们感到自己的条件超过了工作所要求的，或者借助这种行为弥补自信的不足。不管属于哪一种情况，都要用面试的严肃气氛来对他们加以约束，问的问题要环环相扣，而且要有难度。这时，有的应聘者会主动接受挑战，有的就会被动防御。傲慢型应聘者的表现是：过分自信地斜靠在椅背上；翘着二郎腿；两臂舒展；眼神斜视。

3. 选择人比培养人更重要

企业想要取得更好的发展,招聘到优秀的员工无比重要。不要招聘那些不够理想的人,再花大力气去"改造"他们。所以,选择人比培养人更重要。

(1) 一项意义不凡的幼儿教育研究

事实上,人才的培养固然重要,却不是人力资源开发与管理的第一步,如果我们选的人不对,组织赋予他再大的精力、再多的时间,也未必能出结果。同时,我们在选择人的时候,只选择了个人能力而忽略了其他的因素,那么用人的风险则太大了。道理我们都明白,可背后是否有研究数据来验证呢?有的。

1962年,一群研究者曾耐心地对123位低收入家庭、高风险学龄前儿童进行了为期40年的跟踪调查。这就是非常著名的佩里幼儿教育研究。在当时,一批来自密歇根伊斯兰提的孩子被随机分成两组。实验组接受了该项目的培训,控制组没有接受相关培训。两组孩子后来体现出来的巨大差异充分说明了早期教育的重要性。这个研究得出的答案是:在孩子出生后的头5年,而不仅是第1年,你所做的一切都将会对孩子长大后的行为产生深远

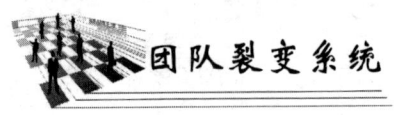

影响。

在这个著名的佩里幼儿教育研究项目中,实验组和控制组的孩子之间的区别是很明显的。第一,在早期智商和语言测试,以及后来的标准化成绩测试和读写能力测试中,实验组的孩子都明显优于控制组的孩子。第二,实验组的孩子高中毕业的可能性更大,女生的高中毕业率达到了84%,而控制组女生这一数据只有32%。实验组的孩子们也更可能进入大学进行进一步的深造。第三,实验组的孩子心理更加健康,他们患心理疾病的比例是8%,但控制组的孩子患心理疾病的比例却达到了36%,是实验组的4倍。第四,实验组的孩子成人后拥有更加健康、富足的生活。他们的犯罪率更低,工作更稳定,赚的钱更多,也更会理财。而控制组的孩子可就没这么幸运了,他们的生活时常陷入麻烦,甚至最终成为暴力犯罪者。

从理想的角度来说,每个健康的婴儿未来都将成为一个良善的人,一个能给自己和他人带来幸福的人。但因为他们所受的教育不同,成长环境的差异,导致了他们成年后境遇的天壤之别。在成年人的世界里,那些经常给自己和他人带来麻烦的人,那些性格怪异,那些不懂得,也不乐意与人合作的人,那些公司里的"问题员工",追本溯源都与他们的成长环境密切相关。所以,名校招生也好,公司招聘员工也罢,选对人永远都无比重要。因为这个"对"的人,他的成长环境会是对的,他从小所受的教育是对的,那么在成长过程中,他便具有更好的自律能力,有更强的意愿与人协作,最后通过坚持不懈的努力获得幸福美满的人生。

(2) 选人的成本低于育人的成本

在管理学中有一句名言:"你可以教会一只火鸡爬上树,但最好是找一只松鼠。"虽然每个人的工作能力等可以随着经验积累提升起来,但对

第五章
选对人：用人先选人，人选对了，一切事情就对了

企业来说无形中增加了许多成本与风险。可见选人的成本低于育人的成本。

  对于任何一家企业而言，人才都是最为宝贵的资源。由于人才招聘是企业人力资源开发的第一步，所以"选人比培养人更重要"；再加上互联网时代发展太快，以至于我们都很难有培养人的时间，因此选择合适的人尤其重要，这已逐渐成为不少 HR 的共识。虽然选人不能说是最重要的，但它一定是最优先的。假如招聘进来的人能力等有问题，那就必须要花费很多时间和精力去培养。对于企业来说，这不仅意味着大量人力、物力、财力的投入，而且还要承担一定风险。根据人力资源咨询公司怡安翰威特的报告显示，如果员工在入职第一年内离职，所造成的损失至少为该员工年薪的 3 倍。因此，从企业效益来看，如果能招聘到一名好人才，远比自己慢慢培养出一名好员工要高效得多。

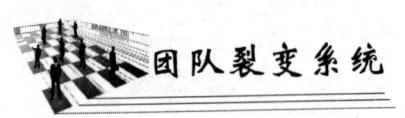

4. 如何选择适合自己企业的人

企业应该选择什么样的人？应该选择适合自己企业的人。什么样的人是适合自己企业的人？是安全的人、立场一致的人、独当一面的人、有强烈企图心的人、相信你的人！这些都是招聘过程中需要把握的标准。

(1) 立场一致的人

立场一致最安全！老板此生永远只用一种人，就是立场一致的人，也就是安全的人。他们和公司梦想一致，目标一致，因而能够忠诚于公司的立场、忠诚于组织，和公司、和老板的事业绑在一起。立场一致的人在公司里具体表现为喜欢公司、喜欢公司文化、喜欢团队、喜欢老板。

某著名公司招聘管理人员，有9个人从众多应聘者中脱颖而出。公司老板看过这9个人的详细资料和初试成绩后相当满意，但此次招聘只能录取3个人，需要老板最后拍板定夺。怎么办呢？老板于是又加了一道测试题：把这9个人随机分成甲、乙、丙三组，每组3人，并指定甲组去调查婴儿用品市场，乙组去调查妇女用品市场，丙组去调查老年人用品市场。为避免大家盲目开展调查，老总又叫秘书为他们准备了一份相关行业的资料。

到了规定的日期，甲、乙、丙三组都把自己的市场分析报告

第五章

选对人：用人先选人，人选对了，一切事情就对了

送到了老板那里。老板看完后站起身来，走向丙组并向他们祝贺道："恭喜三位，你们被本公司录用了！"老板看着大家疑惑的表情，呵呵一笑说，"请大家打开我叫秘书给你们的资料，互相看看。"

原来，甲、乙、丙三组中每个人得到的资料都不一样，甲组中的3个人得到的分别是关于婴儿用品市场过去、现在和将来的资料，其他两组的也类似。老板说："丙组的3个人很聪明，互相借用了对方的资料，补全了自己的分析报告。而甲、乙两组的6个人却分别行事，抛开队友，自己做自己的。我出这样一个题目，其实最主要的目的是想看看大家的团队精神如何。甲、乙两组失败的原因在于没有合作。要知道，团队精神才是现代企业成功的保障！"

立场一致、目标一致不仅是针对员工和老板的，也是针对团队中的每个成员的，这就需要团队精神。事实上，每个老板都重视整体效应，都希望员工能够精诚合作、互相支持。"一花独放不是春，百花齐放春满园"。如果只顾自己一花独放，即使再鲜艳，也比不过百花齐放的满园春色！

京东集团人事管理的八项规定，其中的第一项就是能力价值观体系。不符合京东的核心价值观，能力再强也不要！京东通过能力、业绩和价值观体系量化衡量标准，将所有员工分为五类：金子、钢、铁、废铁和铁锈。有的人能力很强但价值观不过关，这种人就是铁锈，京东是要坚决去除的。

（2）独当一面的人

能够独当一面的人是老板最喜欢的，一是因为他们可以为老板分担业务，分担负担，而且做得让领导满意，给公司带来很多利益，老板一定会是喜欢的。二是因为他们办事效率高，他们经手的业务往往会在一定的时间内按时完成，而且经常会保质保量地提前完成。如果中间有什么问题，

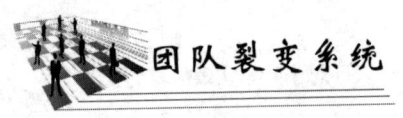

他们一定会及时地与领导或相关部门沟通解决。三是因为他们更容易与客户合作，办事严谨，让对方觉得他们是做事认真的人；灵活变通，这在生意场上是必须的，懂得通融，方能从容。四是因为他们更容易与其他员工和谐相处，与大家一起分享自己的心得与做事的技巧经验，这些对于公司团队的和谐进步是必需的元素。

"独当一面"不仅是选人的一个标准，也是新人进入职场必过的一坎，为此要学会独立完成工作，而且必须保证在任务的最后期限做完所有的事情。另外，在工作中，新人必须按照公司的节奏处理问题，并且有不懂的地方要先尝试寻找解决的方法，先研究一下，如果觉得实在不行，再请教同事也不迟。

(3) 有强烈企图心的人

有强烈企图心的人对待工作一定是全力以赴的、尽心尽力的。想成功的人通常会表现为具备强大的内动力：他内心欲望强烈，相信自己一定能健康、成功，等等。成功者之所以成功，是因为他们都是全力以赴把工作当成习惯的人。

有强烈企图心的人的特征是：不愿意过贫穷的日子，希望光宗耀祖，渴望让父母过上幸福的日子。假如企业选择的人没有这些意愿，那么他肯定不会尽心尽力、全力以赴的。

(4) 相信你、喜欢你的人

公司的发展，是靠认可你的人还是靠有能力的人在支撑？是靠心腹知己在支撑。凡是认可老板的员工，都可以成为老板的心腹知己。不过心腹是吸引来的，心腹知己得来是依靠老板自己的吸力；如果吸引不来，那就是员工不相信老板、不喜欢老板，这是老板自己造成的。

公司能不能发展壮大，取决于老板能否获得别人的认可，正如房子能

第五章
选对人：用人先选人，人选对了，一切事情就对了

盖多大取决于柱子和梁而非砖和瓦一样。员工只有喜欢公司，他才会产生忠诚度和执行力。所谓"千军易得，一将难求"，如果老板获得别人的认可与追随，就说明能吸引他们，并将他当作心腹知己，这样就有助于企业的发展，老板和员工都走在了成功的路上。

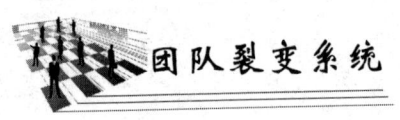

5. 用对人：用对的人，才能做对的事

相传，弥勒佛和韦驮菩萨原本分别掌管不同的庙宇。弥勒佛乐观热情，所以来的香客非常多，可是他大大咧咧丢三落四，结果没有管理好财务，所以搞得入不敷出；韦驮菩萨倒是管理账本，但是因为太严肃，整天沉着脸，最后香客越来越少，终于香客断绝。后来佛祖发现了这个问题，就将他们调到同一个庙宇里，由弥勒佛负责知客，笑迎八方，于是香火大盛；让锱铢必较的韦驮菩萨负责财务严格把关。两人合作后，庙宇从此香火鼎盛，一派繁荣。

由此可见，用对的人，才能做对的事，才能收到"1+1＞2"的效果，个人才能在企业中最大地发挥自己的长处，为企业创造最大的价值，从而实现个人价值和企业价值的双赢。

(1) 用对人比做对事更重要

用对人远比做对事更重要、更优先，如果反其道而行之，则或早或晚必然要承受代价和损失。企业用对人是成功的一半，尤其是在选用各级管理人员方面，虎狼团队注定了不是一只羊跑在最前面，大刀阔斧改革的团队也注定了不是守旧传统的人在引领。

刘邦曾这样评价"汉初三杰"（张良、萧何、韩信）："夫运筹帷幄之中，决胜千里之外，吾不如子房（张良字子房）；镇国家，抚百姓，给饷

第五章

选对人：用人先选人，人选对了，一切事情就对了

馈，不绝粮道，吾不如萧何；连百万之众，战必胜，攻必取，吾不如韩信。三者皆人杰，吾能用之，此吾所以取天下者也。项羽有一范增而不能用，此所以为我擒也。"刘邦之所以从区区一个亭长在乱世之中能够做到开国皇帝，是因为刘邦有两大优点：能够做对自己，能够用对人。这两大优点糅合在一起讲，就是知道自己的优劣，并懂得用比自己厉害的人来弥补自己的不足，对天下人才，驾驭自如。

用对人是做对事的前提，只有用对人，才能做对事。这是一个先天和后天的问题，如果先天不足，后天来补，也注定了事倍功半甚至是得不偿失、一败涂地。

（2）事在人为：用对员工，借人成事

事在人为，旨在用对的人做对的事，强调量才而用，适才适所，做到"人人有事做"，充分发挥出人的主观能动性和创造力。

很多精明能干的总经理、大主管在办公室的时间很少，常常在外旅行或出去打球，但他们公司的营业丝毫未受不利的影响，公司的业务仍然像时钟的发条机制一样有条不紊地进行着。他们有什么管理秘诀呢？其实没有别的秘诀，只有一条：他们善于把恰当的工作分配给最恰当的人。

事实上，所谓人才并非是能把每件事情都干得很好、样样精通的人，而是能在某一方面做得特别出色的人。比如对于一个会写文章的人来说，他能否做一个合格的管理人员，与他是否会写文章是毫无关系的，因为管理人员必须在分配资源、制定计划、安排工作、组织控制等方面有专门的技能，但这些技能并不是一个善写文章的人就一定具备的。

摩根的成就举世公认，他的成功秘诀之一就是采用强过自己的人。比如，摩根很是欣赏斯宾塞的才华，将他提升为总裁。而斯宾塞也不辜负摩根的一番美意，负责偿还了800万美元的债务，因此更加博得摩根的青睐。又如，查理斯·柯士达是摩根的股肱参谋，摩根对他倚重有加。查理斯·柯士达把工人当作自己的手腕一样灵活运用，使得铁路的"摩根化"彻底

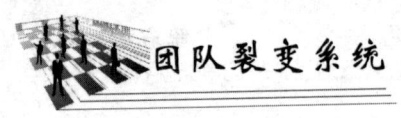

成功。

钢铁大王卡内基曾经亲自预先写好他自己的墓志铭:"长眠于此地的人懂得在他的事业过程中起用比他自己更优秀的人。"

还有很多类似的例子是:满街的咖啡店,唯有星巴克一枝独秀;同是做PC,唯有戴尔独占鳌头;都是做超市,唯有沃尔玛雄踞零售业榜首……这些在激烈竞争中能够最终胜出的企业,无疑都与其用对人有着直接的关系。

总之,成事要借人,这是至关重要的,团队管理者一定不能忽略这一点。安排做事用人时,要针对其不同的需求挑选合适的人选。因为,只有用对人,才能做对事!

第五章
选对人：用人先选人，人选对了，一切事情就对了

6. 用人三大标准：态度好、能力强、忠诚度高

企业用人，要遵循三大用人标准：态度好、能力强、忠诚度高。第一必须是态度端正，如敬业、学习和团结精神等；第二是能力，如创新能力、控制能力和行动能力等；第三是忠诚度高，某种意义上讲，它比能力更重要。

（1）态度、能力、忠诚度，三者缺一不可

企业用人，态度、能力、忠诚度这三者缺一不可！第一个，态度非常重要。第二个，能力也非常重要。态度和能力哪一个比较重要呢？答案是两个一样重要。第三个，忠诚度非常重要。有人说：我找一个忠诚的人，他态度不好我来训练，能力不好我来训练。其实这不是方法。又有人说：我找一个能力好的人，反正做事要结果就好了，他态度不好，我勉强接受。其实这也不好。

日本企业招聘员工的时候，第一看重的不是能力，而是个人的品质。因为在他们看来，能力是可以通过培养获得的，而要改变一个人的品质却十分困难。比如在忠诚方面，很多日本职员都把公司看成是自己社会生活的一切或整个生命价值和意义的根本，感情色彩极为浓厚。例如，日本职员常以"我家"来称呼自己所在的公司，在称呼对方所在的公司时也从不说"你们公司"，而是称"府上"。著名的日本丰田公司就曾经发生过这样

的故事:

一个丰田公司的老员工在第一次正式约见女儿的男友时,郑重地对未来女婿提出:"我没有其他的要求,只是希望以后你的家人和你们自己买车必须买丰田车!"这位老员工对丰田公司的忠诚可见一斑。

美国最顶级的五星级饭店叫力兹·卡尔顿,他们的服务员态度非常的好。有人请教这个饭店的总裁,问他是怎么训练这些服务员,让他们服务态度这么好的。总裁微笑了一下,说:"我们力兹·卡尔顿饭店从来不训练员工态度如何变好,我们只找态度好的员工来上班。"由此也可以看出,选择人才,态度、能力加上忠诚度,这三者缺一不可。

(2) 如何评判应聘者的态度、能力和忠诚度

招聘负责人如何测验应聘者的态度?不妨这样问他:"过去一个星期、一个月,或过去半年、一年当中,你看过那些书籍?上过那些课程?"假如他讲不出来,说明这个人学习的态度有问题。

怎么知道应聘者的能力?招聘负责人可以了解他过去在哪家公司,曾经创造了什么样的成功的绩效以及总结出哪些经验。假如他一个都讲不出来,则说明这个人能力不行。这里不是说没有成功经验就不能用,而是用有成功经验的人比较好。美国梦幻队是由一群世界最顶尖的篮球选手组成的,他们成功的几率就非常高。

假如应聘者一年当中换好几份工作,那么这个人的忠诚度是无法令人认可的。

第五章
选对人：用人先选人，人选对了，一切事情就对了

7. 重点使用的人：态度好，能力一般强，忠诚度高

企业所用之人，如果态度好、能力一般强、忠诚度高，这样的人应该重点使用。

（1）态度是根本：好态度才有发展

企业用人将人的态度作为第一标准，诸如主人翁的态度、感恩的态度、配合的态度。为什么态度是第一位的？因为做人做事总有失败或困顿的时候，但如果能始终以敬业之心、以孜孜不倦的态度顽强坚持下去的人，才会有成功的可能。

鲁迅先生说"中国的脊梁是那些落后仍在奔跑，以及见了这样的运动员肃然不笑的看客"，这话很有道理。所以我们看人不要只看表面的形象怎么样，而是要看他做人做事的态度。很多聪明人不能成事的关键，是缺乏认真刻苦、深入钻研的工作态度。

（2）能力是基础：能力需要正确看待

能力是人的一个发展基础，它包括创新能力、工作能力、管理能力、控制能力和行动能力等。有些人可能某方面的能力不很强，但在别的方面对团队成员的帮助和支持却很大，同样可以成为团队中良好的合作伙伴。

有些人自以为能力很强、水平很高,但比较难以与人合作,这是企业不想用的人。

在团队成员之间,大家的能力是可以互补的,彼此之间相互支持、理解,就会共同进步和提高。比如你有创新能力,我有行动能力,两个人合起来就会有两个能力,在实践中各自发挥所长,就能创造更大价值。

(3) 忠诚度高是原则:这是一项重要考量

比尔·盖茨说:"这个社会不缺乏有能力有智慧的人,缺的是既有能力又忠诚的人。相比而言,员工的忠诚对于一个企业来说更重要。因为智慧和能力并不代表一个人的品质,对企业来说,忠诚比智慧更有价值。"

忠诚度不仅仅是对企业而言的,还是对个人职业、对岗位而言的,如果没有了对个人职业的忠诚度,就不可能爱岗、敬业。一个人忠诚度不高,即使他有天大的才能,也可能会在关键的时候给组织带来伤害,并且能力越大造成的损失也会越大。从这个意义上说,忠诚度高其实决定着整个组织与个人的方向与前途。

其实,在能力和忠诚度之间,老板选择的往往不是能力,因为谁都不愿用"靠不住"或者"不靠谱"的人,那太危险,失败的代价太大,所以宁愿选择忠诚度高的人也不选择"没把握"的人。通过企业文化及利益保证机制来提高、锤炼员工的忠诚度已成为当前各类单位、组织的重要使命,这与企业或老板本人看重忠诚度有直接关系。

8. 培养使用的人：态度一般，能力一般强，忠诚度一般

企业所用之人，如果态度一般，能力一般强，忠诚度一般，这样的人应该培养使用。

(1) 培养员工的工作态度

员工的工作态度对于公司的发展起着举足轻重的作用，由此可见员工的工作态度的重要性。那么，如何培养员工的工作态度？

责任心最能体现一个人的态度。责任心是每位员工做人做事的最基本准则之一，是衡量每个员工是否拥有良好心态、主人翁意识的判断标准之一，是每个人人生观、价值观的直接体现，是每个人能否做好工作、获得上司认可，以及体现存在价值的前提条件，更是一个人能力得到良好提升和未来职业规划最佳成长的综合素质之全面反映。

企业要想让每一名工作人员的责任心都充分体现出来，必须首先让员工学会遵守工作流程，严格按工作标准工作，不违反工作制度，自觉接受组织监管。要做到这一点，必须对员工进行培养。建议企业通过教育，让员工自觉自愿地反复做正确的事情，对待工作的态度从"要我做好"到"我要做好"，把演练和实战相结合，对业务流程熟悉、对业务标准形成条件反射，形成统一的行为模式和企业氛围，才能提高整个组织的责任心和

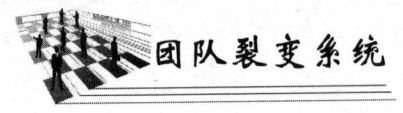

敬业度，构建企业的防火墙。

(2) 培养员工的能力

企业中把员工的能力分为两种：专业能力和综合素质能力。专业能力指与员工从事的具体职能和工作相关的知识及技能，它直接影响员工能否完成岗位工作的要求。综合素质能力是指符合公司文化和组织本身所需要的综合素质。这项能力和组织本身的工作性质有很大关系，如人际关系能力、组织分析能力、团队合作能力、创新能力等，不同的组织所占的比重不同。

真正适合公司的人才必须同时具备专业能力和综合素质能力，这样的员工既能把岗位要求的工作做好，同时又符合组织本身所需要的行为和素质。所以，在进行员工能力培养时，应同时考虑这两方面的能力，并且与组织所需求的能力相匹配，使其具有打造组织能力所需的知识、技能和素质。

首先要确定培养目标。作为管理者，要有意识地确保每个人每年或者每月、每天都有进步，哪怕是一点点。对于每个人的发展或者培养目标，管理者心中要有一个长期的规划，可以不落实到书面上，但必须做到心中有数，在实际行动时，要把培养目标细分成一个个可以量化管理的小目标，逐步推进，时间久了就可能达到你想要的效果。例如，想把某人培养成这个专业中比较全面的人才，日常工作中你就应该逐渐让他进行轮岗，每个岗位侍多长时间，达到什么目标，怎样进行效果验证要做好计划。

其次要采取有效措施。这里的措施主要是针对现有人员内部培养来说的。员工能力培养的很多措施是在干中学、学中干，要充分利用多种实践锻炼方法。比如，岗位流动，提供跨岗位的工作机会；一岗多能，主动增加员工知识面及工作量；参加企业建设项目小组；提供到分公司、子公司锻炼的机会，开阔视野；给予人才充分的支持和指导，让他们满意；借鉴谷歌的做法，教学相长，让优秀的人才传授成功经验；提供培训及对外交流的机会；建立公开、透明、公正、可量化的评估体系。

（3）培养员工的忠诚度

开明的企业负责人会告诉员工，碍于竞争压力他们无法保证给予员工工作保障，但会设法激励他们，帮助他们成长。这样至少能给员工工作激情和满足感。事实证明，以下这些策略不仅能使人心惶惶的员工队伍绝处逢生，还能建立具有敬业精神的忠诚员工队伍。

一是设立高期望值。为那些富于挑战的员工提供更多的机会，留住人才的关键是不断提高要求，为他们提供新的成功机会。

二是授权。授权意味着不必由管理人员做每一项决策，而是可以让基层员工做出正确的决定。员工最喜欢授权赋能的公司。

三是提供经济保障。企业即使不提供养老金，至少也会在员工的黄金年代给他们一定数额的现金或股票。

四是辅导员工发展个人事业。很多人更愿意为那些能给他们以指导的公司卖命，留住人才的上策是尽力在公司里扶植他们。比如培训，在信息市场中，学习绝非耗费光阴，而是一种迫切需求，因此企业培训可以提高员工忠诚度。

此外还有及时表彰员工、赞美、沟通交流等管理方法和技巧，都可以在一定程度上提高员工忠诚度。

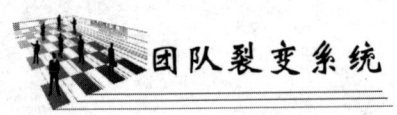

9. 观察使用的人：态度差，能力强，忠诚度低

企业所用之人，如果态度差，能力强，忠诚度低，这样的人应该观察使用。

有这样一个故事：

有一天，三个和尚在一个荒废的寺庙里相遇。看着这个荒废的寺庙，甲和尚说："一定是和尚不诚，所以菩萨不灵。"乙和尚说："你说的不对，我看一定是和尚不勤，所以庙堂不修。"丙和尚说："你们说的都不对，我看一定是和尚不敬，所以香客不多。"三个和尚争执不下，最后决定留下来各尽所能，看看谁最成功。于是甲和尚虔心礼佛，乙和尚重修庙堂，丙和尚化缘讲经。

不久后，香火鼎盛，香客不绝，寺庙又恢复了昌盛。甲和尚说："寺庙之所以昌盛，是因为我虔心礼佛，所以菩萨显灵。"乙和尚说："不是的，那是因为我重修庙堂，所以庙宇堂皇。"丙和尚说："你们说的都不对，那是因为我化缘讲经，所以香客众多。"从此，三个和尚日夜争执不休，寺庙的盛况又逐渐消失了。

第五章
选对人：用人先选人，人选对了，一切事情就对了

三个和尚，因为他们的齐心合力才使得寺庙香火旺盛，也因为他们的各自为政、想以局部凌驾于整体之上的错误做法才又导致了寺庙的衰败。其实，这里面就有态度、能力、忠诚度的问题。他们都没有明白，在职责清楚、分工明确的基础上，相互之间的协作是一个团队成员的应尽之责。团队的特征更多地表现在相互协作上，没有成员之间的相互协作，就不能算是一个团队，而且团队的绩效是通过成员之间的相互协作来实现的。

(1) 观察员工的态度

工作态度就是员工对自己、对公司和工作本身的看法。对于员工的工作态度，观察是重要的方法。下面就来看看常见的几种工作态度都有哪些表现：

有积极心态的员工对待工作不会等待、躲避、偷安、停滞不前，会主动努力拼搏，并且时时校准自己前进的目标。工作够不够主动，够不够积极，反映了一个员工是否具有积极的心态。

有服务心态的员工有一颗服务于领导、同事、客户的心，并百分之百地尽力去做。比如服务客户时，他们能够积极接触客户，与客户平等交流，向客户传递愉悦和价值，因为他们心里想着"爱客户"，所以会不断提高服务档次。

有创新心态的员工具有强烈的好奇心。他们拥有最开阔的心胸、最长远的眼光、最超前的行动力。在工作中，他们接受任何一项任务都想找到最佳方式去完成，能够积极地去发现问题、研究问题、解决问题，能够忍受别人的白眼，具有冒险精神，探索未知领域。

有结果心态的员工善于发现问题、分析问题，并且具有很强的质量控制意识、强烈的责任心和敬业精神，因为结果心态是一种重视结果的思维方式，他们这样做就是为了能够看到结果。在平时的工作当中，他们从不空谈解决问题，一切注重结果，并且已经养成了注重效能的好习惯。

有知足心态的员工,就会感恩于领导、组织、同事,就会珍惜自己所拥有的这一份工作,也就会带着知足与感恩的心去爱岗敬业,勤奋地工作。

(2) 观察员工的能力

能力,是完成一项目标或者任务所体现出来的素质,达成一个目的所具备的条件和水平。它是指顺利完成某一活动所必需的主观条件。一般包括学习能力、执行能力、创新能力等。员工能力,是人才管理的起点也是终点,更是人才管理最底层的理论。

员工是否有学习能力可以从多个方面进行观察。比如,在应聘简历中寻找能证明其学习力的迹象,看他们是否曾自行决定学习某个领域的新知识,并借助学习计划引导其学习活动;还可以发给他们一份员工学习计划样本,其主题针对最前沿的领域,但计划本身要"有缺陷",然后要求他们找出其中的遗漏;还不妨向他人询问该员工已习得的能力;观察他们在工作中是否能搞定具有高挑战性的事情;对待新事物是否具有好奇心和热情等。

员工是否有执行能力也可以从多个方面进行观察。以注重细节为例,有执行能力的员工把做好工作当成义不容辞的责任而非负担,他们能够认真对待,没有半点马虎及虚假;并且注重把事情做对、做好,而不是只做到五六成甚至到最后完全走形而面目全非,能够以较高的、大家认同和满意的标准来要求自己。考虑到细节、注重细节的员工,不仅认真对待工作,将小事做细,而且注重在做事的细节中找到机会,从而使自己走上成功之路。相反,那些看不到细节或不把细节当回事的人,对工作缺乏认真的态度,对事情敷衍了事。除此之外,看一个员工是否敢于负责、是否善于分析判断、是否有求胜的强烈欲望、是否有团队精神、是否有韧性、是否自动自发地工作、是否拖延、是否对工作投入、是否乐于学习、是否善于沟通,等等,都是观察其执行能力的途径和方法。

员工是否有创新能力,主要是看他在工作中是否能够突破原有知识、经验的限制来提出更加具有开阔性的新想法。有创新能力的员工,平时思维活跃,随时随地都会提出许多好的想法,而且能将这些想法付诸实践。比如在售后服务过程中有了一些好的想法,马上就给公司相关部门提出予以支持的要求等。有创新能力的员工参与意识也特别强。

(3) 观察员工的忠诚度

面对跳槽率的攀高不下,使得员工对企业的忠诚度问题越来越赤裸裸地摆在企业管理者面前。观察员工的忠诚度有两个重要的考量标准:一是责任心;二是工作业绩。

如果说良好的道德和责任心可以作为衡量一个人在日常生活中德行的标准,那么良好的职业操守和责任心更可以成为衡量一名员工对企业忠诚度的一个尺度。员工对企业的忠诚度首先表现为对本职工作是否能做到尽职尽责,如果在工作中遇事就躲、推、烦,对上不服管束,对下我行我素,当一天和尚撞一天钟,很显然这是责任心严重缺失的表现,这种缺乏责任心的表现说明忠诚度很低甚至没有忠诚度。

利润是决定一个企业命运的重要指标之一,而企业的利润正是由每位员工所创造出来的。客观地讲员工所创造利润的多少将直接来自于工作绩效的高低,这也是员工自身价值的一个重要体现。工作绩效直接反映了员工忠诚度的高低,如果在工作中出工不出力、论资历不论实力,就是对企业没有忠诚度的表现,这种人企业是不需要的。

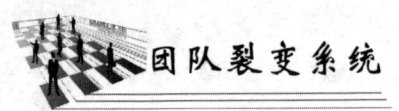

10. 坚决不用的人：态度差，能力弱，忠诚度低

企业所用之人，如果态度差，能力弱，忠诚度低，这样的人坚决不用。

(1) 态度差的员工

员工态度差的表现通常是：凡事找借口；按指令机械地做事；推卸责任；绝不吃亏；绝不认错，任何事情都是别人的错；情绪低落，死气沉沉，等等。不管何种表现、何种原因以及何种"理由"，对这种工作态度有问题的员工，企业都应该慎用或者干脆不用！

(2) 能力弱的员工

能力弱的员工特点：做事杂乱无章，没有计划；经常抱怨，缺乏责任感；不服从管理等。他们只能做一些简单的事情，复杂一点的工作对他们来说将是困难重重、难上加难，即使勉强做了，其结果也不是团队想要的那种。这类人一般也比较固执，不愿意接受别人的合理化意见或建议。对这种人企业最好不用，否则培养的成本太高，得不偿失。

(3) 忠诚度低的员工

忠诚度低的员工有如下表现：工作缺乏激情，投机取巧；做事草率马

第五章
选对人：用人先选人，人选对了，一切事情就对了

虎，不负责任；不肯吃苦，不求甚解；满嘴的借口、抱怨、牢骚，不把心思放在工作上；做事拖拉，效率低下；自我意识强烈，很少注意到别人的感受。至于那些恶意中伤、挑拨离间、唯恐天下不乱的人，他们已经缺乏人格了；而泄密者更是不能容忍的，泄露商业机密是严重的道德品质问题，企业不会用这种人，发现内部有这样的人也会毫不犹豫地清除出去。

第六章 留住人：重在对人的管理上

留住人才可以说是整个人力资源管理中的核心问题，同时也是一项非常系统且涉及知识面非常广泛的课题。很多企业都存在留人难的问题，究其原因是管理出了问题，因此留人重在对人的管理上。人才在企业工作的驱动力，也是人才对企业的期望性需求，要留住人才，应该在管理中注重待遇吸引、培训开发、文化留人和环境留人。

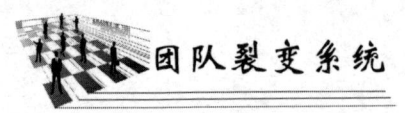 团队裂变系统

1. 机制留人：完善的薪酬机制与持续提供机会

这里的机制指的是薪酬机制与晋升机制。企业要留人，这两个方面的机制的建立与完善必不可少，因为此二者是留人策略的重中之重！

张先生是一位博士，他在攻读博士学位期间便有创造性的科研成果，其中的某一技术居国内领先水平，这引起了许多公司的兴趣。有一家生物制药公司得到这一信息，立即派专人同张先生接触，并许诺了房子、车子、票子等待遇，终于在众多竞争对手中将张先生请到了本公司的开发室做研究员。面对丰厚的工作待遇和较为理想的实验条件，加上领导的关心，初来乍到的张先生在心中暗暗发誓：一定努力工作，争取早日将自己的成果转化成产品，为公司作出应有的贡献。

张先生的上司是这家生物制药公司的开发研究室主任，是一位留美归来的教授，主攻神经生物学，现在正承担本公司一项神经科学基因工程新药的开发研究工作。不知是出于本专业的需要还是其他原因，该主任提议让张先生先暂缓开展肿瘤方面的研究，来协助自己加快神经科学的研究。他的这一方案竟也被主管开发的副总批准。一半出于无奈，一半出于尊重领导，张先生便成了这位主任的助手。

第六章
留住人：重在对人的管理上

半年过去了，一年过去了，张先生自己的科研迟迟不能开展，为此他很压抑。常常在夜深人静，妻儿入睡以后，一个人独坐阳台，面对豪华的住宅，手捧酒杯，邀月自饮，长吁短叹。离开公司好像说不过去，这么好的待遇，领导待他也不错，不离开公司，则眼看自己的事业就要荒废了……他萎靡不振，一天天消瘦了。张先生也向有关领导反映过这个问题，但未能引起领导的足够重视。有一天，张先生的一位同学从国外回来，见此情景，便痛陈利害关系，让他立即离开。压抑、痛苦的张先生第二天便向人力资源部递交了辞职报告。

人力资源部经理十分吃惊，马上将这一问题反映到总裁那里。总裁得知这一情况，立即着手调查此事，弄清原因之后，一面竭力挽留张先生，一面调整科研计划。最后，终于让张先生留下来了。留下来后，张先生专心从事自己的研究工作，经过一年半时间的努力，成果正式上报，即将成为药品。总裁为张先生庆功，同时将他送到国外深造一年，以备将来承担更重要的工作。

事业的追求在马斯洛需要层次中属第四级即尊重的需要和第五类即自我实现的需要。自尊就是通过自己的才华成就获得别人的尊重、赞美，进而承认自己的存在价值，最终获得成功，实现自我。本例中张先生的工作经历生动地说明了这一点。张先生受到的待遇优厚，同领导的感情也不错，却因为在专业领域没能充分发挥能力而闷闷不乐，以至于最后要走人。幸好总裁是一位睿智的人，否则，这样高级人才的流失对企业形象、经济效益的损失是不可估量的。现在有些老板忽视对员工专业发展的要求，以至于在事业方面不能发挥人才的能力而导致人才外流，这是值得反思的。

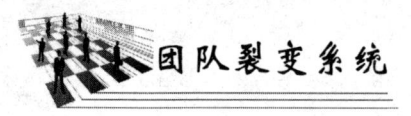

(1) 薪酬与福利待遇机制

薪酬与福利待遇的好坏向来是求职者选择企业时首要考虑的问题，一个有竞争力的薪酬水平和与众不同的福利待遇是吸引人的先决要素。

某公司的薪酬与福利待遇很诱人：薪资水平虽然处于市场平均水平，但年底双薪加年终奖励，对优秀员工及其家属，年底公司出团费旅游；平时实行季度绩效考核，考核达到优秀水平的员工，每季度上浮一定百分比的绩效工资，薪酬体系的设计能达到低职位的薪资比高职位的高许多；为员工规划职位晋升通道，员工的未来发展空间很好。在这样的薪酬福利待遇下，公司员工个个努力工作，公司产品质量及销售业绩不断提升，员工个人收入逐年增加，多年来没有跳槽的事情发生，该公司也在社会上赢得了良好的口碑。

事实说明，待遇是吸引人、留住人的主要因素。当然，薪酬制度的制定要遵循一定的规律，不能太偏离市场平均水平。

(2) 晋升机制：持续提供机会

晋升机制是指规定员工晋升的条件、方法与流程等制度。它是一种充分调动全体员工的主动性和积极性，并在公司内部营造公平、公正、公开的竞争机制。企业要想留住人才，必有晋升机制。

人才的最大敌人是机会受阻，尤其是在晋升的过程中。如果他们被真正视为人才，那么他们就会想去承担更大挑战，而且越快越好。一旦他们不得不继续等待或者根本得不到机会时，就很可能跳槽到别处去了。因此，企业要为员工的未来着想，尤其应该为人才持续提供发展机会。

当然，为人才持续提供机会需要小心，如果坚持自己渴求的结果，任由人才承担过多任务，最后一旦失败了，那么管理者要承担起个人责任，也可能会受到指责。因此，对于人才的管理要在合理范围内，在为他们尽可能提供一切机会的同时也争取提升他们忠诚度，让他们能够在本公司不断成长。

2. 培训留人：职业生涯的梳理、规划和开发

企业解决留人难题，培训是个好办法。培训员工其实是企业的责任，但它对留住人才的作用不可小觑。从实践经验来看，培训留人需要对员工的职业生涯进行梳理、规划和开发。从而建立起员工对本企业更为稳定和清晰的预期，使员工对本企业的长期可持续发展充满信心，并且心甘情愿地与企业共同成长、共度难关、共享事业。

三星和LG是韩国的两大著名企业，它们是通过培训留住人才的典范。为了锻造企业的"团队精神"，这两个公司不惜巨额投资"团队训练培训课"。

三星集团持续20年对全员随时进行"营销能力培训"和"极限挑战训练"。"营销能力培训"是培训新员工怎样进入空白区域，直接销售三星产品的方法和技能。在培训中，新员工组成团队，在现场与消费者碰面，从他们那里直接听取其对公司产品和形象的意见和建议，等等。通过这样的活动，三星人学会了如何运用团队的力量顺利完成销售，从而认识到团队协作的重要性。"极限挑战训练"是指在夜间进行分组爬山。在爬山的整个过程中，参与者需解决每组路线中所设置的难题，才可转去其他路线，而需解决的问题都只能通过团队合作来完成。经过"极限

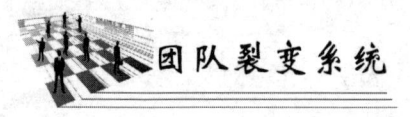

挑战训练"这种"魔鬼般训练"的三星人,仿佛在一夜间就建立起了团队之间的相互信任和友好合作的关系。

LG集团的"百尺竿头更进一步"团队合作培训项目也持续开展了10多年。在项目中,LG让每个团队在一天内解决10个至20个课题。这些课题需要团队成员一同商量并尽快列出课题的优先顺序或解决方法,这对于协调团队合作的效率有很大帮助。LG负责人在介绍此项目时非常自豪地说:"该项目包含了通过团队协作取得成果的LG文化基础……只要是LG人,都有自己的经典话题和美好回忆!"

三星和LG根据自己企业的具体情况设置各具特色的团队培训,一方面加强了成员的工作技能,更重要的是培养和提升了他们的团队合作意识。

如今,团队培训已经为各个行业所认同,特别是对于人多的大公司来讲,团队的凝聚力和责任感就更为重要。很多企业领导人都已认识到:通过团队合作,能够将个人技术转换为团队技术;而通过团队培训,其成员能把团队引领到新的水平,并把这个水平达到的高度逐渐转化为一个新的行为标准。

(1)梳理:理清职涯脉络,明确发展方向

在做员工职业生涯规划前,我们应该对其所从事岗位在本公司的晋升渠道、职业发展方向、专业发展方向进行一个全盘的梳理,并做成图表,让员工熟知,帮助他们梳理自身的职业生涯,明确发展方向。

在实务中,应该采取多种测评方式来帮助完成梳理职业生涯规划的工作。例如员工希望职业生涯的发展方向向管理职位发展,我们就应该对其管理能力和情商进行测试;假如员工希望职业生涯发展方向向专业技能方向发展,那么我们就应该针对其所向往的专业技能方向,对他进行引导,树立好正确的发展路线和目标及时间节点。

(2) 规划：分步骤、分阶段制定目标

如何进行职业生涯的规划应该是整个留人问题的核心，合理、适当、符合实际且适合员工的规划才能让留人工作事半功倍。在这个过程中，分步骤、分阶段制定目标尤为重要。

首先，应该结合梳理完的员工的职业生涯发展方向，明确规划的目标和时间节点。其次，结合发展方向为其做专门的规划书，这其中包括职业目标或愿景、制定目标任务及时间节点、分阶段拆分目标任务并制定计划，然后分析达到某阶段计划需要的技能、知识。最后才是对这些罗列出来所缺少的知识技能的有针对性的培训。

(3) 开发：注重开发和人文关怀并存

针对员工开发，众说纷纭、褒贬不一。有人说对员工开发得太好，如果该员工流失，那么企业损失就非常巨大；有人说与其花大量时间对某一员工进行开发，还不如人力资源部门储备大量人才，你走我有，无所谓。其实，员工开发并不是说要某员工为公司创造多少价值才能达到付出和回报相均衡，而是在开发员工的过程中让员工感到企业对他的人文关怀和培养他的良苦用心。大部分做人力资源工作的人在开发过程中只局限于不断地进行知识、素质培训，而忽略了对员工的人文关怀。现代人本来就生活得很物质，也很现实，忽略人文关怀的开发只会让员工觉得你的培训、培养只是单纯地为了从他身上获取更大的利益。所以，日常工作中要注重开发和人文关怀并存，尤其是在公司积极打造企业文化的时候，这种方式就更加重要了。

3. 文化留人：以人为本、唯才是举、搭建成长平台等

企业文化是企业的一种软管理，存在于员工的无意识行动中，一般指企业中长期形成的共同理想、基本价值观、作风、生活习惯和行为规范的总称，是企业在经营管理过程中创造的具有本企业特色的精神财富的总和。一个公司如果塑造出高素质、高标准的企业文化精神理念，那么将会吸引很多优秀和多才多艺的人才为公司赴汤蹈火。但最关键的，还是扎扎实实做好工作。以人为本的管理理念、唯才是举的用人导向、搭建人才成长平台等，让企业文化与人真正和谐一体。否则，所谓的"文化留人"就成了伪命题。

比如文化留人中的"成长平台"，汪中求先生曾经在他的《细节决定成败》一书中写道："在创业过程中，第一代老板靠胆子，第二代老板靠路子，第三代老板靠票子，第四代老板靠脑子。"毫无疑问，进入21世纪，随着科技的进步和知识更新速度的加快，不管是作为创业者，还是守业者，一定要不断地学习，更新自己的知识，才能适应日趋激烈的竞争。作为员工，也只有不断学习，使自己成为"知识型员工"，才能适应企业发展的需要。在这里，我们不妨来看下面这个例子：

在20世纪初，美国乡村有一套牛奶配送系统可以将牛奶送到顾客门口。由于牛奶瓶没有盖子，山雀与知更鸟常常毫不费力地

第六章
留住人：重在对人的管理上

便先一步飞过来享用了。后来，随着厂商加装了铝制的瓶盖，山雀与知更鸟便不再拥有这"免费早餐"了。但到了20世纪50年代初，当地的所有山雀居然都学会了刺穿铝制瓶盖，重开"免费早餐"的大门。反观知更鸟却只有少数学会，始终没有扩散到大多数。对于这种现象，生物学家的解释是，山雀在年幼时就已经习惯和同类和平相处。而知更鸟则是排他性较强的鸟类，同类之间也基本上是以敌对的方式相处。因此，虽然两者同属鸟类，但和谐相处的山雀比起知更鸟则更能学习互助，进化程度更高。

自然界如此，纵观国内外一些著名企业的发展，无一离开"学习"二字。美国排名前25位的企业中，有80%的企业是按照"学习型组织"模式进行改造的。国内一些企业也通过创办"学习型企业"给企业带来了勃勃生机。

（1）以人为本：给予人才关怀、服务、尊重、保障等

在法国企业界有句名言："爱你的员工吧，他会百倍地爱你的团队。"可见，有远见的企业家从劳资矛盾中悟出了"爱员工，团队才会被员工所爱"的道理，因而采取软管理办法，创造出了"家庭式团结"的团队。试想，在团队中有这样和睦、相互关心的成员关系，成员又怎么会不努力工作呢？

企业文化是强化"以人为本"的管理理念。有的员工走了，从表面来看可能是因待遇不理想、管理不善等问题得不到解决而引起的，但从根本上讲在于以人为本的管理理念在人力资源管理中没得到体现和落实。企业的竞争是人才的竞争，没有人才就没竞争力。形象地说，"企"去掉"人"就成了"止"。

"以人为本"是微软文化的根本。或许是受到美国文化的影响，微软特别重视人才。在微软看来，一个科技型公司是由公司的人才支撑起来

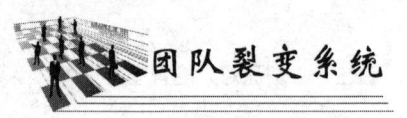

的，没有人才的公司，如何开发新的产品？如何为公司带来利润？如何拥有核心竞争力？在微软，只要你拥有足够的能力，你可以是特权阶层，你可以干许多事情。你要更好的环境，公司帮你美化环境；你要开发一个新的产品，公司帮你筹集资金；你要做一个科研项目，公司帮你找各种人才；你有喜怒哀乐，领导与你在一起分享、承担……不仅如此，公司的管理人员也特别尊重人才，只要是他们提出的意见，管理人员都会认真考虑。

可以说，是"以人为本"给微软带来了人才以及人心，也造就了微软人的团队意识。大多数受过微软文化影响的员工认为，他们属于自己，但更属于微软这个团队！在这样一个融洽的团队中工作，工作的潜能和激情当然能更好地被挖掘出来。微软的团队意识非常强烈：成败皆为团队共有；大家互教互学；互相奉献和支持；遇到困难互相鼓励，及时沟通；依靠团体智慧；承认并感谢队友的工作和帮助；甘当配角……一个具有强烈意识的、高素质的团结协作的集体，自然很容易形成积极、向上的士气，使得微软人在面对一切挫折时都勇于抗争，势不可挡，这也许就是微软永葆青春的最大奥秘。比尔·盖茨在谈到这种现象时曾经说过："微软的这种企业文化营造了一种氛围，在这种氛围中，开拓性思维不断涌现，员工的潜能得以充分发挥。我们微软公司所形成的氛围是：你不但拥有整个公司的全部资源，同时还拥有一个能使自己大显身手、发挥重要作用的小而精的班级或部门。每一个人都有自己的主见，而能使这些主见变成现实的则是微软这个团队。一个优秀的企业所关心的不仅仅是利润，还必须要关注文化；正确的管理不是要控制员工，而是关心员工。"

在现实中，因管理不善导致人才流失的例子很多。有这样一个企业，长期处于困难的境地，厂长、主管换了一个又一个，每换一个人往往只从待遇、技术、制度层面下功夫，却忽视了人和文化层面的整体和谐，结果造成人才流失，企业难以从根本上摆脱困境。

台湾著名管理教授曾仕强曾经说："小企业做事，大企业做人。"企业文化的最大功能应该是"安人"，这是中国式管理的最大特色。对于如何

"安人"，曾仕强给出了适当的关怀、真诚的服务、相当的尊重、安定的保障等途径和方法。比如尊重问题，对于人才特别是高层次人才来讲，他们格外看重自己人格的尊严、独立与平等，他们不愿意企业把自己当成打工者，越是高级优秀的人才越是看中人文环境。加薪只是"金手铐"，铐住人身却铐不住人心，会使他们渐渐丧失想象力和创造力。曾仕强特别指出："安人"的核心是企业管理者用"心"换来人才对企业的忠诚，只有用"心"对待人才，人才才会安"心"。

（2）唯才是举：用人之长，容人之短

用好一个人才等于树立一面旗帜，因此应该坚持唯才是举的用人导向。人才是用来实现企业发展目标的，而非投企业主管之所好的。如果你用的人确实才华出众品行端正、业绩突出且被大家公认，大家就会感到组织是高明的，是可以信赖的；如果你用的人是靠各种手腕、关系得到任用的，大家就会反感，会对组织产生轻视心理。

用好人才是最好的工作导向，不过这里有一点务必明确：用人在于发挥人的长处而不在于回避人的短处。所谓"金无足赤，人无完人"，用人不能求全责备。所谓"寸有所长，尺有所短"，有长处的人必有短处，识别和评价一个人才时，要看主流、看业绩，防止片面性和简单化。既要看当前的业绩又要看在基础性、长效性工作中的成果；既要看工作业绩的大小，又要看取得这些业绩的工作环境和条件；既要看日常工作的成效，又要看在重要时期、重要工作、重大事件中的表现。这样才能全面、准确地识别和评价人才，公正、公道地对待人才，不拘一格地选好、育好、用好、留住人才。总之，学会用人之长，容人之短，这是领导者用人的极致。

（3）成长平台：实现人才对前途的预期

人才对个人前途的预期越好，对组织的归属感也就越强。人才对个人前途的预期取决于两方面：一是企业本身的发展前景，发展着的企业能够

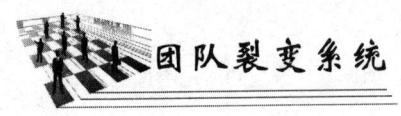

为人才的成长和其自我价值的实现提供最理想的平台；二是人才自身的发展潜质。

就人才自身潜质来说，通常情况下，一个人的潜能能够发挥到卓越境界的大概只有50%，或充其量有70%。那么，如何激发个人潜质，创造价值，从而实现人才对个人前途的预期？关键在于企业切实为人才成长搭建发展的平台，帮助人才把他对个人前途的预期一步步变为现实，使想干事的人有机会，能干事的人有舞台，干成事的人有地位。比如在进行个人职业生涯设计时，要使员工感到在这个企业里自己的职业发展前途可观。

总之，企业文化留人，就是要充分发挥企业文化的导向功能、凝聚功能、激励功能及约束功能，使员工个人价值的实现与企业发展目标相一致。尤其要注重以人为本、唯才是举、搭建成长平台，最大限度地释放蕴藏在员工心中对事业追求和个人价值实现的能量，增强企业对人才的吸引力，增强人才对企业的归属感。

第六章
留住人：重在对人的管理上

4. 环境留人：事业发展、待遇、工作及地域大环境

所有的事情都是好事一定会带来快乐，所以人都在追求快乐逃离痛苦。这个道理在企业留人问题上同样适用。如果企业的环境能够给员工带来快乐，那么员工是不会离开的。

微软的工作环境为微软留住人才创造了条件。微软的工作环境包括自然环境和人文环境。微软期望员工像大学里的科学家那样自发地从事科学技术的研究与开发，又像大学里的学生一样孜孜不倦地自发地学习科学知识。因此，公司营造了类似大学校园那样的优雅宁静的工作环境。微软研究院叫"campus"，这正是微软舒适的自然环境的写照。其中包括花园式的拥有大量鲜花、草坪的园区，还有美丽的比尔湖、篮球场、足球场更是充满了校园气氛。舒适的自然环境为微软人提供了优雅的工作场所，成为高效工作的有力保障。微软期望所有员工把自己的办公室看成是自己家一样，就好像他们自己在大学的宿舍里那样。所有的办公室都不锁，软饮料是免费供应的；没有公司的统一着装，没有人会穿得西装革履，而是宽松的衣着，如牛仔服和T恤等。公司期望自发追求卓越的员工们感觉就像是在自己家里一样轻松自在。

要通过环境留人，企业必须强化事业发展环境、待遇环境、工作环境、地域大环境这四个重要的环境保障。让人才落地扎根，才能真正留住

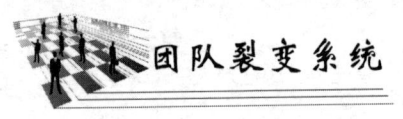

团队裂变系统

人才!

(1) 事业发展环境:提供培训、机会和舞台

人才是有事业发展欲望的,他们很想在一个环境中来实现自己的理想。因此,企业要尽可能地为人才创造事业发展环境,为人才的事业发展提供帮助。具体而言,以下这些对于营造有利于吸引人才并留住人才的事业发展环境是比较有用的。

一是营造培训环境。培训可以有效提升员工技能,这既是企业给员工的最大福利,也是企业留住人才的有效措施。"企业不仅要为员工提供就业的场所,还要为员工提供学习、锻炼的机会"这是很多企业喊出来的口号。人才对未知领域的探索欲望是强烈的,精英人才更加在意自己在组织内的经历是否为自己升值,使自己的职业生涯增加价值。在提升员工能力方面主要根据员工的层次不同而分别给予不同的方法,如外派学习、内部培训、岗位练兵等,企业可以根据每个员工的职业规划给予不同的知识、技能培训。

二是给员工提供机会。人人都有"得到认同、并实现自己理想"的愿望,都希望在组织内有提升的机会,希望有公平竞争的环境让每个人都有职业提升的舞台。企业应该在建立完善的晋升机制时充分考虑每个员工的职业生涯规划,并相应地提供技能培训机会。

三是给员工提供舞台。老板的一项重要任务就是"搭台子",其中,组织设计就是舞台搭建,战略规划、计划分解就是剧本,员工就是来按照你的剧本在你设计的舞台上表演的人。而作为担任企业领导的精英来说,即使不是老板,也要为搭建舞台、编写剧本出谋划策。

(2) 待遇环境:薪酬公平合理又有竞争力

员工要生存,就有吃穿住行的基本需求,所以企业不仅要给员工精神上的满足,还要给员工物质上的回报,并且是公平合理的有竞争力的回报。

一是公平合理的薪酬。一分耕耘，一分收获，在企业内部必须有完善的工作评价、考核体系，并且根据员工付出而制定的薪酬回报体系。员工可以不在意收入多少，但是在意你是否给了他公平合理的回报。所谓公平合理，关键是要做到多劳多得，少劳少得。

二是有竞争力的薪酬。为了吸引住好的，专业的、高层次的人才不能低于同行业的平均薪酬水平；低层次的、比较容易在行业间流动的人才不能低于同地区的平均薪酬水平。

（3）工作环境：场地、人际、衣食住行

在企业内部营造一个团结、奋斗的工作环境，对于留住人才是很关键的。当然一切都必须以追求企业效益为原则，不能以违反这个原则来做这项工作。

一是办公场地环境。比如给他单独的办公室、给他大办公室等，这不仅仅是工作的需要，而且有精神上受到尊重的感觉。

二是人际环境。人都有"归属感，得到组织接纳"的欲望，因此，经常性地举办一些大家感兴趣的集体活动；让大家有在一个大家庭中工作的感觉有利于改善氛围。生日送礼、节假日聚餐、节日娱乐活动等都有利于营造好的企业氛围。另外，在企业内营造商量、沟通的工作氛围，同事们在分工的前提下保持良好合作关系，有利于企业的工作氛围改善。

三是衣食住行环境。定做统一的工作装，员工穿在身上不仅代表企业形象，也能彰显个人风采。在外部资源不是很丰富的地方，企业必须办好食堂。有条件的情况下，企业最好为员工准备好舒适的住宿条件。尽量为员工提供交通方便，如上下班班车、节假日订票等。

（4）地域大环境：推广普通话，政府转化职能

地域大环境对企业来说是外部环境问题。外部环境很多是企业无法决

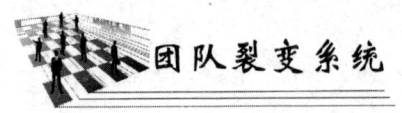

定的，必须有政府来引导，但企业必须充分考虑到外部环境因素，因为企业所在的地域是一个什么样的社会氛围，对于企业留住人才有一定的影响。

一是语言环境。语言是沟通工具，在地域文化中起很大作用，因此企业留人要考虑到不同地域的语言，因为人才的流动是受地域语言影响的。所以，想要在比较传统的城市留住比较高层次的人才，最重要的是在当地推广普通话。

二是当地政府服务环境。如果一个地方的行政、事业单位服务态度好，那么就会对这个地方的企业的留人工作有积极影响。这也是为什么偏僻地方的人想来大城市找工作的一个重要原因。要改善地域大环境，使人才来本地发展，一个重要做法就是将原有政府机构的管理职能转化为服务职能。企业方面要留人，就有必要看一看当地政府在这方面做得怎么样。

第七章 激发人：让每一个团队成员爆发能量

激励就是激发和鼓励，激励能够让人的能量爆发，形成巨大动力。只有学会不断激励团队，才能让团队始终保持工作的激情与斗志，从而提升战斗力及团队协作力等。激发人要关注个体的作用，以个体力量求得团队整体效果，更要注重管理者自身能力的打造。途径和方法上有自我激励、营造团队氛围、问对问题、给大脑"解锁"等。

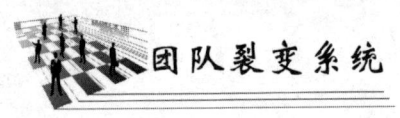 团队裂变系统

1. 如何激发团队战斗力

事实上,团队成员就像一块块原石,作为领导者必须精心雕琢,才能让他们变成精美的工艺品,从而产生价值。在这里,"雕琢"就是"激励"。有句话说"过度的压力可以让天才变白痴,适当的激励却可以让白痴变天才",一语中的地道出了激励力量的伟大。激励能使你率领的团队达成你要达成的计划和目标。为此,团队一定要有比较完善和合理的激励机制,这样才能让成员愿意在团队里工作,安心地工作,并且充分发挥潜力和主动性。

每个公司的领导都希望打造一个高绩效的团队,为公司的发展壮大出力,这无疑都需要对团队成员进行恰当的激励。美国通用电气公司前首席执行官杰克·韦尔奇最成功的地方,就是他非常注重对下属进行激励,非常注重营造良好的团队氛围。他能叫出公司1000名以上高级管理人员的名字,公司上上下下,包括杰克·韦尔奇的司机、秘书以及工厂的工人都叫他"杰克"。他会亲自给公司最普通的员工打电话和写信,还喜欢和员工共进午餐。

杰克·韦尔奇手下有一个部门经理叫比尔,曾经因为不愿意女儿换学校而拒绝杰克·韦尔奇对他进行调职的工作变动。杰克·韦尔奇知道后,便写了一封信给他。信中有这样的话:"比

第七章
激发人：让每一个团队成员爆发能量

尔，你有很多优点被我看中，其中一点就是你与众不同。你今天的选择更证明了这一点……祝贺你合家安康，并能继续保持你职业生涯的健康发展。"

试想，比尔在收到大老板的亲笔信时会有什么样的感想？他还会拒绝公司的调遣吗？由此可见，要激励员工，公司的领导们就不能只坐在办公室里，高高在上，而是要深入下去，跟员工们在一起，给他们打气，激发他们的工作热情。很多公司的业绩不好，并不是因为他们的员工能力不够，而是公司的领导没有好好地激励员工，使员工缺乏工作热情。

激发团队战斗力，关键是化解阻力，激发动力。打破坚冰，冲开道路，才能前进；同样的，你激发了谁的动力，谁就会跟着你走。跟你走的人越多，团队的战斗力越强。

（1）影响团队战斗力的因素

在团队建设中，影响团队战斗力的因素有很多，这里梳理出涉及团队管理者和员工个人的五个最为重要的因素：

一是员工自身的内在动力。团队里的每一位成员应有追求成功的强烈欲望，希望借助团队平台，在实现团队目标的同时，实现个人所追求的东西。

二是人与人之间的合作力。团队成员之间有竞争、有合作，更多的是合作。如果人与人之间矛盾不断，大家带着负面情绪上班，有的是斗气内耗，就没有合作可谈。

三是个人与团队的融合力。所谓"三个臭皮匠胜过一个诸葛亮"，团队建设讲究的是整体战斗力，如果只强调个人英雄主义，就会摧毁团队的力量。只有将个人梦想追求融入团队奋斗目标，才能实现个人与团队同步发展。

四是团队与团队的协调力。一个公司实际是由不同小团队组成的"大

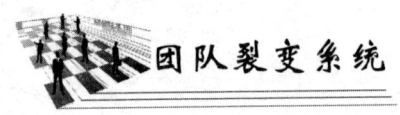

团队"。现实中很多情况是,小团队之间为了保护小部分人的利益,经常会闹矛盾,有时需要大老板出面协调,团队与团队不可协调,何来战斗力?

五是个人对公司的向心力。公司对个人有没有吸引力,公司发展方向与个人职业规划是否一致,公司企业文化是否适合个人价值观和性格,这些都会对团队战斗力产生影响。如果个人不认同公司,小团队再好也没用,始终有离开的一天。

毫无疑问,上述这些因素如果是积极的,就会形成动力,对团队战斗力产生正面影响;如果是消极的,就会形成阻力,对团队战斗力产生负面影响。是积极的还是消极的,需要员工自查,更需要团队管理者自查。只有化解阻力,才能激发动力。

(2) 关键之处下功夫,激发团队战斗力

实际上那些在情感上、智力上和经济上接受挑战、受到接纳、获得重视和得到回报的员工很少离开公司,而且更重要的是,他们在团队中有非常出色的工作表现,能够提升团队战斗力。但是,如果团队管理者在这些关键领域的任何方面有所疏忽,员工就可能离开公司,团队战斗力也就无从谈起。因此,要激发团队战斗力,就要在情感上、智力上和经济上这些关键之处下功夫。

一是释放他们的热情。人性让我们很难离开那些倾注热情的领域,如果无法理解这一点,你就会在不知不觉中鼓励员工到其他地方寻找他们的热情。明智的团队管理者会让员工的热情与企业追求的目标保持一致,这种一致性是释放员工热情的关键所在。

二是给他们目标的期望值。对于目标的期望值怎样才算适合?有人把它形容为摘苹果。只有跳起来能摘到苹果时,人才最用力去摘。倘若跳起来也摘不到,人就不跳了。如果坐着能摘到,无需去跳,便不会使人努力去做。由此可见,团队管理者在给员工制订工作定额时,要让员工经过努

第七章
激发人：让每一个团队成员爆发能量

力就能完成，再努力就能超额，这才有利于调动员工的积极性。定额太高使员工失去完成的信心，他就不努力去做；太低，唾手可得，员工也不会努力去做。因为期望概率太高、太容易的工作会影响员工的成就感，失去目标的内在价值。所以制订工作、生产定额，以及使员工获得奖励的可能性，这些都有个适度的问题，只有适度才能保持员工恰当的期望值。

三是激发他们的智慧与创造力。聪明人不喜欢生活在一个光线昏暗、无聊烦闷的地方；伟大的天才总是对改善、提高和增加价值感到兴奋，他们生来就是为了改变和创新。因此，团队管理者不应该把员工约束在框架里，而是让他们摆脱桎梏，给员工成长、发展和不断成熟的空间，提供富有挑战性的工作和机会，让他们像赛马一样奔跑。这样一来，将极大地带动团队战斗力的提升。

四是给他们发言权。每个人都会有出色的想法、创意、见解和洞察力，而这些恰恰也是激发人的战斗力的源泉。团队管理者要善于倾听他们的看法，倾听他们的高见，理解并大力支持那些可行的意见和建议，让他们的创见得以实施。一个重视员工发言权的团队管理者，一定会激发创造力与战斗力。

五是认可员工的表现。最优秀的领导者不会缺乏"肯定别人"的智慧，他们会认可员工的表现，称赞他们的成就，表彰他们的贡献。而当你做到了这些，团队战斗力将会大大提升。

六是关心员工，履行承诺。许多研究表明，能否留住员工薪酬甚至不是最重要的原因，如果你没有从人性角度和情感层面上关心员工，他们最终会离你而去，不管你支付了多少薪水。如果领导者花更多的时间去理解他们，关心他们，在他们身上投资，更好地领导他们，那么完全不必为团队战斗力而担忧。此外，管理者必须履行承诺！许下承诺毫无价值，恪守承诺却是宝贵的。如果你失信于员工，就将为此付出高昂的代价——不对员工负责，将被员工追责。

(3) 执行力越强，战斗力越高

执行力是一种把确定的目标变成现实的实施能力。如果没有执行力，再美好的蓝图也是纸上谈兵。执行力越强，战斗力越高。

古人说："天下之事，不难于立法，而难于法之必行。""法之必行"之难，指的就是具体实施之难。在现实中，执行力层层递减的现象比较突出，比如在分析发生某一问题的原因时常发现，本来有明文规定，上级也三令五申，领导又耳提面命，可就是因为没有执行或者执行不好，导致问题发生。问题显然不是出在政策上、规定上，而是出在实践操作层面上，即出在执行力上。

执行力为什么会层层递减？其主要原因是由"传令官""太极推手""南郭先生""歪嘴和尚"四种人造成的。"传令官"只管传达、不抓执行，以会议落实会议，以文件落实文件，以讲话落实讲话；"太极推手"遇事推诿扯皮，见责任就推，见困难就绕，见利益就争；"南郭先生"不学无术，滥竽充数；"歪嘴和尚"断章取义，符合自己的利益就执行，反之就不执行或执行打折扣。这些人虽是少数，但如不及时教育整治，上级的决策指示就不能真正落到实处。

要从根本上提升执行力、提高战斗力，一是强化责任意识。责任意识是执行力的灵魂。只有具备强烈的责任意识，才能在任务面前不推诿、在困难面前不绕道，勇敢破题，善解困局，真正做到平常时候看得出、关键时候站得出、危险关头豁得出，以不达目的誓不罢休的信心和勇气推动各项工作落实。二是提高落实能力。贯彻上级指示，搞好团队建设，重在抓落实，成在抓落实。要深入搞好调查研究，把上级的决策指示同团队的实际紧密结合起来，提出切实可行的建设规划和实施办法。要对影响决策执行的各种因素进行仔细分析，查清找准制约决策贯彻执行的"短板"因素，认真加以解决，为决策的正确执行扫除障碍，确保目标望而可及，任务重而可担，标准高而可攀。三是建立一种注重执行、讲求落实的企业文化，营造一个精心做事、细心做事、主动做事、真诚做事的良好氛围。切实端正工作指导思想，以工作落实为荣，以工作落空为耻，自觉克服急功近利、形式主义的行为，认真负责地对待工作中的每一个细小环节，努力促进各项工作在末端的高质量落实。

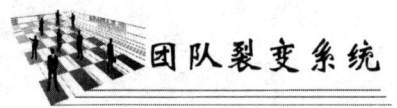

2. 如何培养团队协作能力

团队协作能力，是指建立在团队的基础之上，发挥团队精神、互补互助以达到团队最大工作效率的能力。对于一个团队的管理者来说，培养团队协作需要有团队组织能力。而对于团队的每一个成员来说，不仅要有个人能力，更需要有在不同的位置上各尽所能，与其他成员协调合作的能力。发挥团队精神、互补互助，以共同发挥最大效率的能力，这就是团队协作能力。

柳传志曾用这样一句话来解释联想集团："一个人与他人相比，比人家弱，合在一起就比较强。"就联想汉卡的成功研发和推行来说，就是联想人聚合力量，打造强企的具体体现。柳传志在联想汉卡研发之初，就曾诚意邀请计算机及其应用领域的研发专家倪光南加入联想汉卡这一项目的研究，为的是发挥倪光南在中文信息处理技术方面的特长，完成将汉字系统向 PC 移植的工作，把汉字系统集成到一块芯片上。加上其他成员的通力合力，不到半年，联想就成功研制出它的第一块汉卡。在此之后，数十名研究员、副研究员级的专家带领一支上百人的队伍，分别镇守着采购、生产、销售、培训和维修等各个环节，保证联想汉卡在推向市场过程中的全面跟踪和全面成功。

事实上，让团队中的所有成员都积极参与到团队工作中来，是联想团队建设中由来已久的传统。联想早在 1994 年就成立了总裁办公室，将一些

第七章
激发人：让每一个团队成员爆发能量

在各方面都极具可塑性的人才集中到总裁办，这些人中有一线业务部经理和职能管理部门的经理等。凡总裁需要决策的项目都会事先拿到总裁办去讨论，而且每一位与会人员都被要求积极地发表自己的看法，提出自己的建议。在柳传志看来，这些成员将来极有可能会成为公司各部门的主要管理者，因此应该提前将大家聚合在一处，就公司的各种举措和决策一同碰面议事，这样就会逐步融合各人的脾气秉性和价值观，有助于之后企业各个团队之间和各个团队内部之间的有效沟通和团结协作，形成有机高效的协作方式，搭建成一个团结有力的工作班子。

在一个企业或团队中，唯有大家共同参与进来，各尽其能，各展所长，发挥自己的一分光亮，才能使整个团队产生熊熊烈焰。

那么，究竟如何培养团队协作能力？这里有几个关键词应该把握好：欣赏、尊重、信任、宽容、沟通、奉献、节俭。

(1) 欣赏：学会欣赏，懂得欣赏

每一个人的身上都有闪光点，都值得我们去学习。欣赏就是主动去寻找团队成员的积极品质，尤其是你的"敌人"，然后学习这些品质，并努力克服和改正自身的缺点和消极品质。这是培养团队协作能力的第一步。

很多时候，同处于一个团队中的工作伙伴常常会乱设"敌人"，尤其是大家因某事而分出了高低时，落在后面的人的心里就会很容易酸溜溜的。所以，每个人都要先把心态摆正，用客观的眼光去看"假想敌"到底有没有长处，哪怕有一点点比自己好的地方都是值得学习。欣赏同一个团队的每一个成员，就是在为团队增加助力；改掉自身的缺点，就是在消灭团队的弱点。欣赏长处、熟悉短处，最主要的是扬长避短。

(2) 尊重：交往时的一种平等态度

尊重，意味着尊重他人的个性和人格，尊重他人的兴趣和爱好，尊重

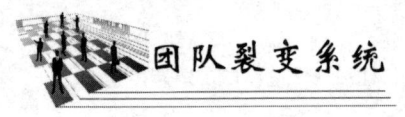

他人的感觉和需求，尊重他人的态度和意见，尊重他人的权利和义务，尊重他人的成就和发展。尊重，还意味着不要求别人做你自己不愿意做或没有做到过的事情。平等待人，有礼有节，既尊重他人又尽量保持自我个性，这是尊重的最高境界。

团队是由不同的人组成的，每一个团队成员首先是一个追求自我发展和实现的个体人，然后才是一个从事工作、有着职业分工的职业人。虽然团队中的每一个人都有着在一定的生长环境、教育环境、工作环境中逐渐形成的与他人不同的自身价值观，但每一个人也同样都有渴望尊重的要求，都有一种被尊重的需要，而不论其资历深浅、能力强弱。尊重没有高低之分、地位之差和资历之别，尊重只是团队成员在交往时的一种平等的态度。只有团队中的每一个成员都尊重彼此的意见和观点，尊重彼此的技术和能力，尊重彼此对团队的全部贡献，这个团队才会得到最大的发展，而这个团队中的成员也才会赢得最大的成功。

(3) 信任：团队能力的基础

美国管理者坚信这样一个简单的理念：如果连起码的信任都做不到，那么，团队协作就是一句空话，绝没有落实到位的可能。人们在遇到问题时，会首先相信物，其次是相信自己和自己的经验，最后是相信他人。而这一点，在团队协作中则是大忌。

相信自己，相信团队中的同伴，相信团队的领导者。正是基于这种自信，我们才会将自己的信任和支持真正交付给自己的合作对象。团队是一个相互协作的群体，它需要团队成员之间建立相互信任的关系。只有相互信任、相互依赖，团队中的每个人才能发挥出自己最大的优势，整个团队才能集中到更多的智慧，才能使整个团队更具竞争力，才能达到成功的彼岸。信任是合作的基石，没有信任，就没有合作。信任是一种激励，信任更是一种力量。若是没有信任，团队内就将缺少真诚的交流，而没有交流，甚至彼此产生猜疑，团队的矛盾就会越来越多，整个团队也就势必形

第七章

激发人：让每一个团队成员爆发能量

同散沙，毫无力量可言。因此，培养团队能力的基础就是相信自己。

现代社会的发展，使职业分工越来越细，一个人单打独斗的时代已经成为过去，越来越需要集体的合作。个人的能力再强、工作做得再出色，也不能离开团队这个大的氛围。因此，团队成员只有相互信任、主动做事、乐于分享，才能共同成长，共达成功的彼岸。信任，是整个团队能够协同合作的十分关键的一步。如果团队成员彼此间没有充分的信任，其交流就很难发生，就会丧失彼此合作的基础，整个团队也就势必形同散沙，毫无力量可言。

（4）诚信：人无信则不立

古人说："人无信则不立。"意思是说，为人处世若不诚实，不讲信用，就不能在社会上立足和建功立业。一个个体，如果不讲诚信，那么他在团队之中也将无法立足，最终会被淘汰出局。

诚信，是做人的基本准则，也是作为一名团队成员所应具备的基本价值理念，它是高于一切的。没有合格的诚信精神，就不可能塑造出一个良好的个人形象，也就无法得到上司和团队伙伴的信赖，也就失去了与人竞争的资本。唯有诚信，才是让你在竞争中得到多助之力的重要条件。团队协作应该建立在团队成员诚信的基础上。而只有当你做到了"言必信，行必果"时，你才能真正赢得同事的广泛信赖，同时也为自己事业的兴盛发达注入了活力。

（5）宽容：团队协作中最好的润滑剂

雨果曾经说过："世界上最宽阔的是海洋，比海洋更宽阔的是天空，而比天空更宽阔的则是人的心灵。"这句话无论何时何地都是适用的，即使是在角逐竞技的职场之上，宽容仍是能让你尽快融入团队之中的捷径。宽容是团队协作中最好的润滑剂，它能消除分歧和矛盾，使团队成员能够相互尊重、彼此包容、和谐相处，从而安心工作，促进团队发展。试想一

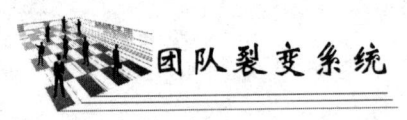

下,如果你冲别人大发雷霆,即使过错在于对方,谁也不能保证他不以同样的态度来回敬你。这样一来,矛盾自然也就不可避免了。

团队成员间的相互宽容,是指容纳各自的差异性和独特性,以及适当程度的包容,但并不是指无限制地纵容,一个成功的团队,只会允许宽容存在,不会让纵容有机可乘。首先,团队成员要有较强的相容度,即要求其能够宽厚容忍、心胸宽广、忍耐力强。其次,要注意将心比心,即应尽量站在别人的立场上,衡量别人的意见、建议和感受,反思自己的态度和方法。当然宽容并不代表软弱,在团队协作中它体现出的是一种坚强的精神,它是一种以退为进的团队战术,为的是整个团队的大发展,以及为个人奠定有利的提升基础。

(6) 沟通:凝聚团队共识

要培养团队协作能力,我们还要培养和提高沟通能力。在团队中,成员之间要敢于沟通、勤于沟通、善于沟通,这是一项基本要求。现代社会是个开放的社会,当你有了好点子、好建议时,要尽快让别人了解、让上级采纳,为团队作贡献。否则,不论你有多么新奇的观点和重要的想法,如果不能让更多的人去理解和分享,那就几乎等于没有。另外,当团队遇到困难和矛盾时,有效的沟通能加快解决问题的速度。持续有效的沟通,能充分体现一个团队良好的团队精神。

从古至今,中国人一直将"少说话,多做事""沉默是金"奉为瑰宝,固执地认为埋头苦干才是事业走向辉煌的制胜法宝。但却忽略了一个人身在团队之中,良好的沟通是一种必备的能力。作为团队,成员间的沟通能力是保持团队有效沟通和旺盛生命力的必要条件;作为个体,要想在团队中获得成功,沟通是最基本的要求。沟通是团队成员获得职位、有效管理、工作成功、事业有成的必备技能之一。

持续的沟通,是使团队成员能够更好地发扬团队精神的最重要的能力。团队成员唯有从自身做起,秉持对话精神,有方法、有层次地对同事

第七章
激发人：让每一个团队成员爆发能量

发表意见并探讨问题，汇集经验和知识，才能凝聚团队共识，激发自身和团队的力量。建立团队精神时必须掌握沟通语言，在这之中，最重要的八个字是"我承认我犯过错误"，最重要的七个字是"你干了一件好事"，最重要的六个字是"你的看法如何"，最重要的五个字是"咱们一起干"，最重要的四个字是"不妨试试"，最重要的三个字是"谢谢您"，最重要的两个字"我们"，最重要的一个字是"您"。

（7）奉献：帮助他人，敢于担当

团队精神的核心是奉献，奉献是激发团队成员的工作动力，能为工作注入能量。每个人都有自己的想法，都有自己独特的个性，往往会考虑自己的利益，这个并没有错，但是在团队中，只有整体的利益得到满足了，个人利益才会实现。在团队之中，一个人与整个团队相比，是渺小的，太过计较个人得失的人，永远不会真正融入到团队之中。而拥有极强全局意识的人，最终会是最大的受益者。因此，奉献精神也是培养团队精神中一个重要的因素。

热心是一种奉献。职场之内，人们一致认为，强者有强者的游戏规则，弱者有弱者的生存法则。作为团队成员，必须记住，只有一个完全发挥作用的团队，才是一个最具竞争力的团队；而只有身处一个最具竞争力的团队之中，个体的价值才能得到最大限度的体现！当你是团队中的那块"短木板"时，应该虚心接受"长木板"的帮助，尽一切努力提高自己的能力，不要让自己拖整个团队的后腿；当你是团队中的那块"长木版"时，你不能只顾自己前进的脚步，而忽略了"短木板"的存在，那么，你收获的终将是与"短木板"一样的成就。当身处一个团队中时，只有想方设法让短木板达到长木板的高度，或者让所有的板子维持"足够高"的相等高度，才能完全发挥团队作用。

负责也是一种奉献，而且是必要的奉献。负责即敢于担当，对自己负责，更意味着对团队负责、对团队成员负责，并将这种负责精神落实到每

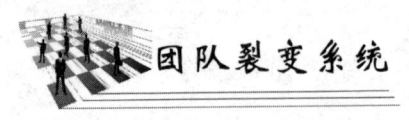
团队裂变系统

一个工作的细节之中。团队在运作过程中，难免出现失误，若是每次出现错误都互相推卸责任，那么这个团队就没有存在的价值。并且一个对团队工作不负责任的人，往往是一个缺乏自信的人，也是一个无法体会快乐真谛的人。要知道，当你将责任推给他人时，实际上也是将自己的快乐和信息转移给了他人。任何有利团队荣誉、有损团队利益的事情，与每一个团队成员都是息息相关的，所有的人都拥有不可推卸的责任。如果我是公司的老板，如果有谁说那不是我的责任之类的话，我就会立刻把他开除，因为这种人显然对整个团队没有足够的专注和忠诚，缺乏责任心。

(8) 节俭：以小显大，见微知著

节约是整个团队的事，而每一个细微之处的浪费都可能会被认为是一种品德上的缺陷。越是优秀的员工，越要懂得事事从小处着眼，因为很多细小的环节都是与公司的前途休戚相关的。正所谓细节决定命运。所以，为了团队的整体利益，所有的团队成员都应该养成节约成本的好习惯。

"由俭入奢易，由奢入俭难"，要想在短时间内就将浪费的习惯彻底改掉，确实有很大的难度。但只要你下定决心，从骨子里树立自己的节约思维与习惯，那么，你就一定会在最短的时间内完成由浪费到节约这个艰难的过程。在今天这个高度竞争的社会里，即使企业员工从小处节俭，最后聚少成多，企业所获得的成果也是十分可观的，甚至真的可以造成企业赚钱和赔钱的本质区别。因此，当我们在工作中自主、自动和自发地极力减少不必要的浪费时，无形中就会使整个团队减少支出、降低成本，实际上也就等于为整个团队增加了利润。如果我们在工作中能够形成节俭的习惯，使它成为我们的第二天性，那么我们就会因为这些习惯而获益，并最终赢得辉煌的事业。

第七章
激发人：让每一个团队成员爆发能量

3. 个体能力：团队战斗力的重要因素

在影响团队组织绩效的各种因素中，除了战斗力、协作力之外，还有一个重要的因素，这就是个体能力。那么，怎样把团队中每一个人的潜能激发和培养起来，从而把人变成对企业和团队有价值的"人才"？在某种程度上，只有依靠个体，才能创造卓越的组织绩效。所以，团队管理者必须把员工当作独立的个体对待。

（1）把员工当作独立的个体

在一家公司里，其全球客户经理团队成员有 15 位。一天，其中的一位顶级客户经理找到公司老总，要求批准他的陪产假（这种福利在目前是标配，但在 20 多年前则非常少见）。老总欣然地回应道："当然可以。你是全球客户经理，在你这个职位上，基本可以做任何你想做的事。"那位经理回了一句"好的"，然后就走了，看起来闷闷不乐。老总感到有些纳闷：他提出了要求，我也满足了他的要求，为什么他还会生气呢？最后老总才明白过来，顶尖人才不喜欢别人把他们当作某一类别的一员，即便这一类人的地位十分显要。他们想要被当作单独的个体。其实这个顶级客户经理更想听到老总说的话是："我很在乎你和你的需要。如果陪产假对你尤为重要，那我一定会百分百支持你。"虽然最

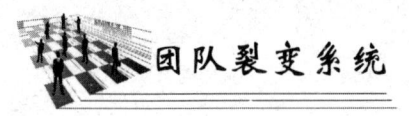

终允许了自由的陪产假，但是结果却完全不同。顶尖人才不想被当作某一类别的一般个体对待，他们想要的是个性化的对待。

其实，这位老总遇到的情况是很普遍的现象。在许多公司，每一位顶尖人才都无一例外地看重自己独特的个体，尤其是"80后""90后"员工，他们的个性非常强，而且希望领导也能尊重这些个性。作为团队管理者，如果不能区别对待，只是把他们当作某一类别中的一员，那么他们内心深处就会产生不悦感；反过来，如果把他们当作独特、有价值的个体来看，那么他们会感到很温暖。

(2) 个体在团队中服从的重要性

尽管现代企业在人性化管理理念下强调尊重人的个性，但在组织管理范畴个人与团队（即集体）的关系仍然是从属关系。其含义具体包括以下几个层面：

第一，在团队组织中，个体始终是一个最基本的元素，在团队面前一定是小我服从大组织，在此前提下要毫不保留地发挥个人的能力和才华，为团队的发展充分体现个人的作用。以此观点思考，不论对于工作中占比最多的普通员工，还是各个团队中的带头人，都有积极的作用。尤其是对于正在突破自身发展困局而苦寻未果，或是怀才不遇，对自身位置不满的业界新宠，都算一剂良药，有轻解内心郁闷之功效。

第二，一个团队就是一部机器，机器的所有部件都按既定轨道正常运转，而有一个部件却没有起作用甚至是起副作用，这个时候，这个部件一定会被拆下来，被一个能够为正常运转起正作用的部件替代。作为一个团队中的个体也一样，当每个个体都按照既定的目标前进，那样产生的力量就像一部运转的机器一样，一个人的作用再大也一定不足以改变它前进的方向；但是如果一个人不能够理解或者认同领导者的安排，总是特立独行，随意而为，那么这个个体对于团队的作用就不是正作用而是反作用，

第七章
激发人：让每一个团队成员爆发能量

会阻碍团队的前进。一个人阻碍了团队的正常前进，在必要的时候一定会被换下来。事实上，能力再强的个人，在组织中的作用都是可以替代的。拔河比赛中的大力士一个可以以一当三，但是要明白，既然可以以一当三，就说明换上三个人就可以把这一个大力士取代。

第三，要相信团队的作用，任何难题都应该调动团队的力量来共同解决、共同承担。遇到困难，一定要清醒地明白，这个困难是团队的困难，不是一个人的困难，一定要靠大家的共同努力来克服。在困难面前往往人心更齐，更容易体现团队精神。把困难摆在每个人的面前，让人人发挥自己的才智想办法解决，令团队中的每一个人都尽可能地想办法、提建议，寻找解决方法，也因此充分发现团队中每个人的智慧。人的主动性和积极性由此调动起来，对团队的贡献自然达到最大化。

第四，清晰认知自己的位置和自己应该思考的事情。一位西方哲学家曾说过，人类不可能两次踏进同一条河流。但现在同样的错误还在一而再、再而三地上演。正比如，很多人习惯性地喜欢批评别人，指责别人做得不好或是做得不对，而自己职责范围内的事情却没有真正花心思去思考。这样的结果，便养成了任何时候都从别人身上找缺点找问题，尤其是工作中发生疏漏，都是习惯性地去别人身上找原因。这就是我们丧失了自省的美德，缺少对自身位置的清晰认知和对自己职责和权限范围内的事情的深入思考。

总之，团队之所以成为团队，是因为它由众多的个体所组成。但团队管理者，尤其是员工个人一定要认识到个体服从团队的重要性，这才是对影响团队组织绩效重要因素之一的个体能力的正确认识，这才是真正的尊重个性。深刻地认识个体与团队的从属关系，无论是对团队管理者实施有效管理，还是对员工提高自己的能力，无疑都是有帮助的。

（3）个体如何提升自己的能力

个体能力的水平，反映了团队的整体实力。如果团队里所有的人员都

是新手，那么这种团队的战斗力不会太高；如果一个团队里每一位成员都是行业中的精英甚至是专家，那么这个团队肯定是一个高水准的团队。所以，这就要求各个部门的每一位人员，注意个人能力的提升：

一是多学习。学习有很多途径和方法，通过向书本学习，可以汲取更多的知识；通过向周围的人学习，可以获得成功者的经验；通过在实践中学习，可以掌握实操技能。多多学习，可以提升自己的能力和水平，进而努力成为一个在所从事的专业领域内拥有名气的专家。

二是多沟通。从提升自己能力的意义上讲，沟通的意义更多的是学习与分享。在工作中，不懂的问题或事情，要不耻下问，学习他人的方法和经验；同时，当别人来请教时，要善于分享，真心帮助，在解决问题的同时，也会提升自己的能力。

三是多钻研。平日里多工作，少偷懒，只有在工作中才能切身提高自身的能力。机会是不可能给每一个人的，只有不怕吃亏、埋头苦干的人才容易抓住获得提高能力的机会。

四是多反省和总结。只有善于反思总结，才能发现自己的不足，进而做出调整；只有坚持在实践中总结、在反思中提高，才能真正提升工作的有效性。从另一个角度来说，反省和总结本身就是一种能力。在实际工作中，我们要学会科学总结工作中的成败经验教训，不断提高总结反思能力。

4. 要激发别人的工作动力，先让自己有动力

每个人都是一座能量的工厂，人体中超过 90% 的能量从来没有被使用过。激励员工的本质，就是让员工的工作潜能得以充分释放和发挥，而要收到这样的效果，团队管理者首先要让自己有动力。激发别人之前，要先激发自己。在这方面，被称为"东芝经营之王"的土光敏夫就是个很好的例子。

土光敏夫是一位地位崇高、受人尊敬的企业家。他在 1965 年出任东芝电器社长时，当时的东芝人才济济，但由于组织太庞大，层次过多，管理不善，员工松散，导致公司绩效低落。他接掌东芝后立刻提出了"一般员工要比以前多用三倍的脑，董事则要十倍，我本人则有过之而无不及"的口号，来重建东芝。他的口头禅是"以身作则最具说服力"。土光敏夫的"以身作则"体现在日常工作的点滴之中。比如，他每天提早半小时上班，并空出上午七点半至八点半的一小时，欢迎员工与他一起动脑，共同来讨论公司的问题。

土光敏夫还曾经借一次参观的机会，给东芝的董事们上了一堂杜绝浪费的课。当时有一位董事想参观一艘名叫"出光丸"的巨型油轮，由于土光敏夫多次看过这艘油轮，所以事先说好由他

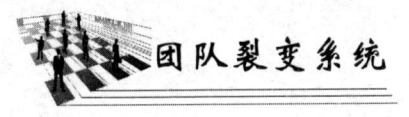

带路。那一天是假日，他们约好在樱木町车站的门口会合。土光敏夫准时到达，其他董事乘坐公司的车随后赶到。其中的一位董事说："社长先生，抱歉让您等了。我看我们就搭您的车前往参观吧！"该董事以为土光敏夫也是乘公司的专车来的。土光敏夫面无表情地说："我并没乘公司的轿车，我们去搭电车吧！"这位董事当场愣住了，羞愧得无地自容。原来，土光敏夫为了杜绝浪费，使公司合理化，乃以身示范搭电车，给那位浑浑噩噩的董事上了一课。这件事立刻传遍了整个公司，上上下下立刻心生警惕，不敢再随意浪费公司的物品。由于土光敏夫以身作则，东芝的情况逐渐好转。

（1）持续相信自己，激发前进斗志

激发自己，需要相信自己，而且最好做到持续相信。能够相信自己，是自信能力；能够一直相信自己，则是一种超强的自我安慰能力。人的一生会经历许多事情，而不顺心之事十有八九，不管何时何地遇到何种失败、挫折和打击，做到相信自己，就能收到自我安慰之效，从而摆脱痛苦，整饬心灵，奋力前行。这种持续相信自己的方法，还会令人迅速总结经验教训，而且坚信情况会发生变化。要坚信："塞翁失马，焉知非福"，或"上帝在为你关上一扇门的同时，一定会为你打开一扇窗"。

成功者先相信后看到；普通人先看到后相信；垃圾人看到也不相信。只有成功者才能真正做到相信自己，只有成功者才能真正激发自己，因而他们的路就在脚下向前延伸……相信自己，一切都能实现！

（2）把问题当成机会，你就永远有机会

美国加州有位刚毕业的大学生，在某年的冬季大征兵中依法被征，即将到最艰苦也是最危险的海军陆战队去服役。这位年轻

第七章

激发人：让每一个团队成员爆发能量

人自从获悉自己被海军陆战队选中的消息后，便显得忧心忡忡。在加州大学任教的祖父见到孙子一副魂不守舍的模样，便开导他说："孩子啊，这没什么好担心的。到了海军陆战队，你将会有两个机会，一个是留在内勤部门，一个是分配到外勤部门。如果你分配到了内勤部门，就完全用不着去担惊受怕了。"

年轻人问爷爷："那要是我被分配到了外勤部门呢？"爷爷说："那同样会有两个机会，一个是留在美国本土，另一个是分配到国外的军事基地。如果你被分配在美国本土，那又有什么好担心的。"

年轻人问："那么，若是被分配到了国外的基地呢？"爷爷说："那也还有两个机会，一个是被分配到和平而友善的国家，另一个是被分配到维和地区。如果把你分配到和平友善的国家，那也是件值得庆幸的好事。"

年轻人问："爷爷，那要是我不幸被分配到维和地区呢？"爷爷说："那同样还有两个机会，一个是安全归来，另一个是不幸负伤。如果你能够安全归来，那担心岂不多余。"

年轻人问："那要是不幸负伤了呢。"爷爷说："你同样拥有两个机会，一个是依然能够保全性命，另一个是完全救治无效。如果尚能保全性命，还担心它干什么呢。"

年轻人再问："那要是完全救治无效怎么办？"爷爷说："还是有两个机会，一个是作为敢于冲锋陷阵的国家英雄而死，一个是唯唯诺诺躲在后面却不幸遇难。你当然会选择前者，既然会成为英雄，有什么好担心的。"

无论人生遇到什么样的际遇，都会有两个机会，一个是好机会，一个是坏机会。好机会中藏匿着坏机会，而坏机会中又隐含着好机会，关键是我们以什么样的眼光、什么样的心态、什么样的视角去对待它。如果用乐

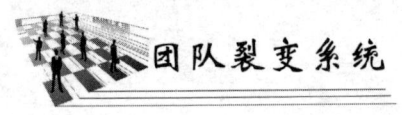

观豁达、积极向上的心态去看待，那么坏机会也会成为好机会。如果用消极颓废、悲观沮丧的心态去对待，那么好机会也会看成是坏机会。人生的际遇中，始终存在着两个机会。对那些乐观豁达、心态积极的人而言，两个都是好机会。对那些悲观沮丧、心态消极的人而言，则两个都是坏机会。

对于一个勇对失败、努力成长的人来说，所有发生的事情都是好事，比如丢脸、遭到拒绝、被人嘲笑、失败，等等，都可以促使他不断成长。同样的，作为团队管理者，面临问题就是面临机会，把问题当成机会，就永远有机会，从而能够有效激发自己。

比如，公司有问题，就是你改善的机会；客户有问题，就是你提供服务的机会；自己有问题，就是你成长的机会；同事有问题，就是你提供支持建立合作的机会；领导有问题，就是你积极解决获得信任的机会；竞争对手有问题，就是你变强的机会。

以领导有问题带来的机会为例，如果你总觉得老板问题太多，这里那里一大堆，觉得自己比他强多了，此时你应该考虑一下他请你的目的是弥补他的短板，处理他所忽略的和缺乏的，并且他也必定有你没有的某个长处！事实上，你的作用本来就是来解决问题而不是制造问题的，如果你不能发现问题或解决不了问题，而且遇事慌乱、抱怨、一脸苦相、不敢扛事儿、诋毁、推脱、找借口、逃避、自以为是、逻辑不清，等等，那你本人就是一个问题。你能解决多大的问题，你就坐多高的位子；你能解决多少问题，你就能拿多少银子。

第七章
激发人：让每一个团队成员爆发能量

5. 团队有好的氛围，才会有好的业绩

在团队研究领域，团队氛围被视为影响团队绩效的重要输入变量。无数事实也证明，要想让员工长时间保持较高的工作热情，做出较高的工作绩效，除了提供有吸引力的薪酬和福利以外，团队氛围至关重要。团队管理者要想产生整体大于个体之和的效果，就必须充分营造良好的团队氛围。

沃尔特·迪斯尼是迪斯尼创办人。有一天，一个男孩问沃尔特·迪斯尼："你画米老鼠吗？"沃尔特·迪斯尼回答说："不，我不画。""那么，你负责想所有的笑话和点子吗？""没有，我也不做这些。""迪斯尼先生，那么你到底都做些什么呀？"男孩追问。沃尔特·迪斯尼笑了笑，回答道："有时我把自己当作一只小蜜蜂，从片厂一角飞到另一角，搜集花粉，给每个人打打气——这就是我的工作。"

在童言童语之间，团队领导者的角色不言而喻。不过，团队领导者不只是会替人打气的小蜜蜂，还应该是团队中的一位灵魂人物，致力于营造团队氛围，以利于团队创造业绩。

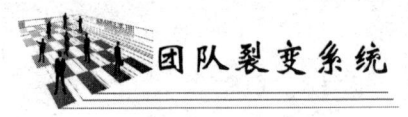
团队裂变系统

(1) 好的团队氛围带动业绩往上涨

和谐的团队氛围能够使每个成员工作时心情愉悦，建立安全的人际信念，可以增强团队的凝聚力，从而带动业绩往上涨。那么，什么样的团队氛围才能带动业绩呢？

一是硬环境氛围和软环境氛围。硬环境氛围方面，比如丰富墙壁文化、黑板文化，对办公室进行修饰和布置等。软环境氛围方面，比如制定办公室内部制度、奖励制度、惩罚制度、项目运作指南等，这样就会让大家明白什么该做？什么不该做？做好了有何回报？做错了该承担什么责任？制度一旦制定，就要严格执行，否则就会流于空谈。此外还有业绩考核制度，考核必须兼顾团队和个人，设立考核个人的指标，让团队成员之间形成竞争，设立考核团队的指标，又让成员之间形成协作。

二是要有目标氛围。目标是重中之重。了解团队的整体目标，明确团队成员的具体目标。成员的具体目标很重要，要足够大，大到大家有豪情去奋斗；也要有具体的量化，量化到大家能看到实施的可能。作为一个团队管理者，就一定要给出这个团队的目标，并且量化实施的时间，并努力去实现它。这个目标和整个团队成员的利益是密切相关的，大家每走一步，都会看到自己经济上的回报，也会看到自己能力的提升。想想看，这样的团队怎么不会士气如虹？有目标的人才会有内在的动力，才会时刻自己激励自己。

三是文化氛围。通过企业文化营造团队氛围，这方面有许多工作可做。这里举两个方面的例子：

比如坦诚与直接的文化氛围。坦诚是好的团队氛围的第一信条，团队只有坦诚相待，大家才能目标一致地解决业绩问题。如果每个人都不能直白地把自己的想法说出来，特别是工作业绩层面的，公司怎么能够健康发展，又怎么能有好的业绩呢？在交易过程中，有时候直接表达是最高效的表达，否则客户不可能第一时间知道你在想什么，不直接表达的后果还会带来更多的时间成本,也会直接影响成交。

再如关注员工健康的文化氛围。在团队中经常会发生这样的状况:管理者每天都觉得很累,团队成员每天也觉得很累。其实,任何一个地球人,只要坐在电脑前面8个小时以上,无论是在全心工作还是打游戏,谁坐谁都累。千万别以累不累为评估标准。要想让工作做得更加有效率一点,那就快速迭代,每天进步一点点,不要太在乎过去发生的被拒绝的事情和过去取得的业绩,因为对未来那个结果来说,过去的不值得念念不忘,抛弃过往才能保持活力。

要记住:营造良好的团队氛围,必将带动团队业绩蹭蹭上涨。总的来说,一个好的团队一定拥有着开放和积极的学习氛围,只有这样,团队才能不断进步,团队中的每个人也才能有不同的收获。

(2) 营造团队良好氛围,赢在方法上

工作氛围是一个看不见、摸不到的东西,但我们可以确定的是:工作氛围是在员工之间的不断交流和互动中逐渐形成的,没有人与人之间的互动,氛围也就无从谈起。工作氛围在很大程度上受到领导者个人领导风格的影响,这就决定了良好的工作氛围的创造取决于管理者的管理风格。下面所提出的建议都需要管理者身体力行方能发挥功效。

一是高频率、大规模活动。无论是客户积累的活动,还是业务签单的活动,"搞活动"的能力是团队管理者快速拉升队伍氛围的核心能力,是确保队伍持续发展的重要手段。例如购物游、港澳游、烧烤、农村产说会、个人酒会等形式。

二是主题性高端优质活动。比如开门红等大型战役前,不仅要多搞活动,更要千方百计设计出别人无法复制,显得高端大气的主题活动。

三是打造属于团队自己的快乐。提升团队氛围,要让员工真正懂得更好地工作是为了生活,感受"在一起"的快乐,从内心深处收获工作的乐趣,真正做到"赢在工作"。

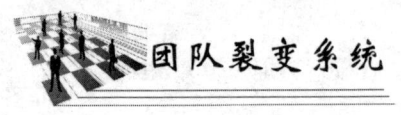

四是缔造荣誉，树立榜样。带领团队，像狼群一样，获得最高阵地（荣誉）；用自己卓越的努力换来优质的生活状态，然后去影响所有团队成员，一起"赢在工作"。

五是树立团队正气观念。树立团队正气非常重要！一个团队的正气必然影响着员工的工作热情、工作动力和创新的活力。树立起正气，才能给每一位员工以目标和方向，才能够激发起工作的使命感和责任感，才能培养团结向上的团队意识。一要树立学习的正气，对于乐于学习、积极学习、努力进取的员工要给予鼓励和促进，彰显他们在团队工作学习中的地位。二要树立实干的正气，对于那些踏踏实实、默默无闻的耕耘者，必须重视他们的存在，必须凸现他们的地位，必须弘扬他们的精神，必须给他们以足够的尊重，遇到利益先考虑他们，遇到荣誉先想到他们，遇到困难先保护他们。三要树立创新的正气，着力于保护新的事物，保护新萌生的力量，要积极激励员工创新工作，让创新者得到发展，必须宽容他们的突发奇想，绝不能以一个"幼稚可笑"的定语当头棒喝。四要树立合作的正气，鼓励良性竞争如提高产品差异化获取或扩大销售利润等，杜绝恶性竞争如相互猜疑、拆台、攻击、陷害等。

第七章

激发人：让每一个团队成员爆发能量

6. 问对问题，有助于激发团队斗志

所有的问题不是因为讲话才解决的，所有的问题都是用问话解决的。团队管理中也要注意用问话的方式来解决问题。戴尔公司的创始人迈克尔·戴尔认为："多问问题可以激发你的灵感，最终增强组织的竞争优势……所以我们非常欢迎各级管理人员和员工随时给我们提出意见和建议。"问答和交流的环境还可以营造一种认真负责的文化氛围，极大地提升员工的忠诚度，加强员工对公共事务的参与。尤其是问对问题，将有助于激发团队斗志。

（1）有效的提问——问对问题

有效的提问即问对问题。有效的提问是指提出的问题能使人产生一种怀疑、困惑、焦虑、探索的心理状态，这种心理又驱使个体积极思考，不断提出问题和解决问题。

在团队管理实践中，通过有效的提问、问对问题，可以激发团队创意，激励团队合作，提升团队成员的自信心和创造力。比如：谁是你理想的顾客？哪些人最适合你的产品？哪些人最迫切需要你的产品？你怎样去找出这些人？为什么顾客会买你的产品？他们有哪些共同点？为什么有些潜在客户不买？你认为他们有哪些共同点？你是如何改善产品介绍的方式？给顾客留下一个好印象，你应该怎么做？你每天可以做哪些事情来符

合你的个人印象……

问对问题在面试过程中更为重要。面试中有一个常常被面试官使用的工具是 STAR 法，使用这个工具的目的就是为了问对问题，收集面试者与工作相关的具体信息和能力。STAR 即情境（Situation）、任务（Task）、行动（Action）、结果（Result）四项的英文缩写，其使用的关键点是不要停留在应聘者回答的浅层信息上，而要挖掘深层的关键信息，强调以追问的方式问问题。比如面试官问应聘者以往工作中的招商情况，应聘者说"当时我尽了最大努力超额完成了年度招商目标"，于是面试官可以这样追问："能否说一下你到底做了哪些努力？"或者这样追问："请问你的年度招商目标是多少？具体完成多少？"这些追问并不是让应聘者一次就完成所有的回答，而是需要层层剥茧式，让应聘者努力回忆过去的行为细节，最终展现一个完整的情境、任务、行动、结果情况。

在这个过程中，面试官要注意，对应聘者应当采用引导式的提问方式，而不是进行暗示或诱导应聘者回答某些问题。为了明确 STAR 法这个"问对问题"工具对深挖关键信息的作用，下面我们以刚才那个问题为例做一下展开：

应聘者：当时我尽了最大努力超额完成了年度招商目标。

错误的追问一：你到底做了哪些事情，比如是不是在入驻条件上有所优惠，还是跟乙方供应商达成了其他条件，你跟我说一下。

错误的追问二：你的招商目标是多少？是签约率还是入驻率？按照当时你项目的体量、定位和地段，我估计第一年招商入驻率能做到 75% 就很好了，差不多吧？我说的对不对？

很明显，这种错误的提问方式和面试官不专业的自问自答，只会让应聘者更了解面试官想听怎样的标准答案，反而对面试官获取关键信息产生了误导。

那么，如何才能真正做到强有力地追问呢？其实，真正的强有力并不是刨根问底式地将所有的行为信息进行还原，而是在有限的时间内收集到

第七章
激发人：让每一个团队成员爆发能量

需要的关键信息，从而做出有针对性的事实判断。按照 STAR 模型来说，以下这些问题可以作为关键信息在面试中获取：

在情境模块中，面试官针对应聘者实施任务的情境提出的追问是：①你能描述一下当时是怎样的任务情境吗？②你能描述一下任务情境产生的原因吗？③这个任务情境对你的影响是什么呢？④这个任务情境里，哪些因素是你首要考虑的？

在任务模块中，面试官针对应聘者任务的具体内容提出的追问是：①你接到任务的时候是如何考虑的？②你当时的任务目标是什么？③你对任务目标的合理性是如何判断的？④接到任务的时候，你是如何思考的？⑤哪些因素对你制定任务目标起到了关键作用？⑥你在任务中扮演怎样的角色？

在行动模块中，面试官针对应聘者为了完成这些任务所采取的行动提出的追问是：①当时你采取了哪些行动？②在执行过程中，是否与预期产生了偏差？③偏差是如何产生的？（或，你是如何避免偏差产生的？）④行动过程中，你觉得哪些事情对完成目标是最有作用的？⑤行动过程中你是如何应对突发事件的？

在结果模块中，面试官针对应聘者在采取了行动之后的行为结果提出的追问是：①任务最终结果是怎样的？②这个结果，你觉得是最完美的么？③任务过程中，有哪些遗憾的地方？④如果给你机会再做一次，你觉得哪些地方可以改善？⑤你觉得你对任务完成最大的贡献是什么？⑥你的领导是如何评价这次任务的？⑦任务的完成对业务有哪些影响？

让情境、任务、行动、结果构成一个系列问题组，这样才能挖到深层的隐藏信息。而对于那些存疑的问题，面试官必须紧追不放才能去伪存真，才能真正对应聘者有较为全面的了解，得出正确的判断。

作为团队管理者，不仅要清楚问对问题在管理实践中的作用，也要明白个人事业的成功也源自于自我发问。这是因为，一个人的行为往往源自

团队裂变系统

想法,也就是思考方向;而思考的方向往往决定于问自己的问题。问对问题决定了我们思考与行为的方向,也就决定了处理事情的结果。因此,为了提升管理能力,不妨死磕自己,问对问题。

聪明的人当自己表现得不如预期时,总会不断地问自己:"我可以多做哪些事,从而让自己和团队发展得更好?"而愚笨的人则会问自己"我怎么这样糟糕,表现得这么差劲?"所以,有智慧的人看到成功人士时,会问自己什么问题呢?他们会问:"他做对了什么,为什么能够创出这么好的成绩?"或是问:"我从他身上可以学到什么?我应当做什么才会拥有同样的表现和成绩?"

当我们问对问题时,思考的方向会往积极和正面的地方去,不断产生积极的作为直到事情做得越来越好。错误的问题则会让我们陷入死胡同,并会把问题越钻越深,直到耗尽每一份精力,最后告诉自己:"我早就知边自己做不好,我根本不适合。"

对团队成员问对问题,也让自我发问问对问题,这会让我们一切的行为导向成功光明而非失意消极。

(2) 针对目标问对问题,才能做对管理

问题应该是针对目标的,因此要根据目标问问题,不断追问,这会越来越接近本质。比如:"我们的跨省市的连锁管理,最好的结果应该是什么样子?""为了达成这个目标,要做哪些事情?""你怎么知道自己做到了?"等等。

类似这种针对目标的追踪式提问之后,管理者不仅可以得到被问者的信息,还能从中获得许多其他方面的信息,并总结出一些管理经验。第一,最重要的还是将合适的人放在合适的位置上,如果让张飞做军师、诸葛亮去打仗,不输才怪。第二,不同岗位要有针对性的培训和考核,不合格的不能上岗。如果让管理者和员工做很多他们之前都没有接触过的事情,只是按一些标准去操作而没有考核,这一定不行。第三,部门之间的

第七章
激发人：让每一个团队成员爆发能量

执行力要匹配，就好比一个人的两条腿，要速度一直搭配好，不然就成了瘸子。这个执行力就是上面第二条的结果，要有能力干和有意愿干。有能力干是能够培训和考核出来的，意愿是在工作中查看出来的。第四，流程要细化，在过程中发现问题及时修正。第五，公司老总不要直接参与基层管理者对员工执行的管理，基层管理者也应该让员工自己去按照要求自己处理，甚至有一些事情可以试错。

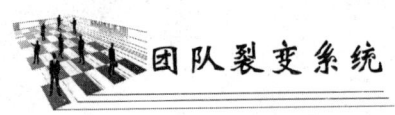
团队裂变系统

7. 解开大脑的设限

对于任何一个团队管理者来说，固有观念和定式思维都是要不得的，否则将极大地阻碍管理创新，也将直接影响到团队成员的积极性和创造力。唯有解开大脑的设限，才能提高认识水平，提升管理艺术，提振团队士气，从而打造一个生龙活虎的团队。

先来看一个有趣的实验：

生物学家往玻璃杯中放入一只跳蚤，跳蚤轻易地跳了出来。再把这只跳蚤放入加盖的玻璃杯中，跳蚤一次次跳起，一次次被撞。最后，这只跳蚤变得聪明起来，它开始根据盖子的高度来调整自己所跳的高度。一周之后取下盖子，跳蚤却没有再跳出来。这个实验所包含的道理其实很简单：跳蚤调节了自己跳的目标高度，而且适应了它，不再改变。团队管理也是一样，有的管理者不敢去追求梦想，不是他们追不到，而是因为心里早已默认了某种"高度"，这个"高度"常常使他们受限，看不到未来确切的努力方向。于是，他们变成了一只跳蚤——一只大脑设限的跳蚤。

人给大脑设限常常体现在两个方面：一是被性格所困，二是被过去的学历、长相、金钱所困。团队管理者如果也被这两种因素所困，势必严重影响团队的健康发展。

（1）普通人被性格所困，高手使用性格和塑造性格

环境创造人，同时人在适应环境后也在能动地改造环境，这是人类以实践活动为基础的两种方向相反而又内在统一的活动。就人的性格来说，当下环境需要什么样的性格，人就显现什么性格。不过更深刻而积极的意义在于：普通人被性格束缚，高手利用性格，甚至创造出想要的性格。那么，怎么利用性格甚至创造性格？

第一步是觉察，要觉察自己的性格是什么，才有可能改变。这方面可以学一些性格分类的课程。如九型人格，九型人格将人的性格分为九种，从一号到九号，逐一包括完美主义者、给予者、实干者、悲情浪漫者、观察者、怀疑论者、享乐主义者、保护者、调停者。看看自己属于几号，或者说某种综合体。其他的如星座、生命密码、四型人格、NLP实用心理学里的分类、DISC、性格色彩等，都基本有九型人格的影子，还是九型人格最完善和实用。第二步是接受自己的性格，按性格做事情，就是做自己。这是利用性格，其中的关键是驾驭自己的性格。最重要的是第三步，即创造性格。这一步虽然很难，但一旦成功，就是高手。高手能更自如地驾驭自己的性格，因而也就更有可能做出改变，即根据现实需要或者说自己的需要来塑造新的性格。

人的性格是复杂的，关键是勤于修行，以求扬长避短。最有意义的就是当下觉察自己，当下能够提醒自己改正。要学会用信念来"治理"自己，还要有持之以恒的决心，并在行动中完善自己。不要把这个改变的过程弄得过于复杂，以至于让一些不切实际的幻想阻碍了完成现实目标的行动，而是要有想法并且去行动。要取得想要的结果，就无惧挫折或失败！

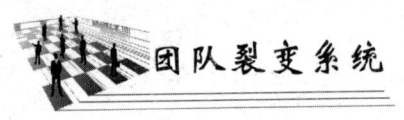

（2）不被学历、长相、金钱等过去的事物所困

层次高的人，不会为过去的事情所困，他们注重活在当下，以求赢得未来。团队管理者给大脑"解锁"，也要摆脱过去的事情的束缚，抓住当下、活在当下，这是一种人生大智慧，况且眼下、身边、手头的管理事务也需要你放下那些已经过去的事情。

学历、长相、金钱就是过去的事情。比如学历，它是指求学的经历。在知识快速更新，需要终身学习的时代，过去的学历只能代表过去，并不能证明现在的什么、代表现在的什么，关键是看你现在有什么样的能力。只有坚持学习、终身学习，在某个专业领域里有所建树，才能成为领军人物。再如长相，它是天生的，不可改变。有的人强行改变，做整容，一是做秀，是"作"，二是很有几分"反自然"的味道。但长相的另一种改变值得提倡，即"相由心生"。相由心生最浅显的理解是，人的思想感情、心灵情志必然表现在人的仪表上，也即一个人的精神世界虽是内在的，不可见的，但实际也会给人外在的直观感受。比如一个内心善良的人，外表给人温暖的感觉，那么这个人就是美的，也是有魅力的。即使貌不出众，也能以心补拙，用阳光心态打造迷人的外在。如果团队管理者时时刻刻都在帮人、助人、扶人，那么团队成员就会认为他是最具魅力的领导者。至于金钱，那是你的已有财富，都是过去式，都不重要，重要的是创造新的财富，对于团队管理者来说就是创造团队的财富。

学历、长相、金钱是过去的事情，但重点不是要讨论这三者，而是强调放下过去。放下过去的事情，不仅因为它们已经过时，更重要的是如果耿耿于怀，必将阻止你前进的脚步，做不好当下的所有事情。

第八章 改变人:具备影响力,才能改变人

　　带领一个团队就如带兵,要有团队自己的做事方式和手法,这些取决于领导者本身。要想成为一个优秀的团队管理者,一定要先管理好自己,在各方面都要带头去做,身体力行,做团队的榜样,把自己优良的工作作风带到团队中去,以自己的行动影响到团队中的每一位成员。诀窍就是设身处地,站在员工的角度去思考问题,了解员工心里真实的想法。只有努力打造自己强大的领导力,才能改变他人。

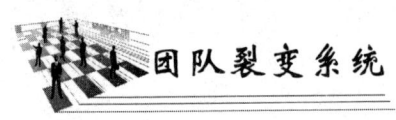 团队裂变系统

1. 不要试图改变别人，只能影响别人

一个人要改变，只有他自己想要改变时才能做到，所以管理的目的就是想办法令他改变。要记住不是你想让他改变他就改变，而是你的影响力使他自己改变。

春秋时期，晋国有一名叫李离的狱官，有一次他在审理一件案子时，由于听从了下属的一面之辞，致使一个人冤死。真相大白后，李离准备以死赎罪。晋文公（名姬重耳）认为责任在他的属下，而不是他的罪过，因此劝他说："官有贵贱，罚有轻重，况且这件案子主要错在下面的办事人员，又不是你的罪过。"李离坚决地说："我平常没有跟下面的人说我们一起来当这个官，拿的俸禄也没有与下面的人一起分享。现在犯了错误，却将责任推到下面的办事人员身上，我不能这么做！"晋文公进一步劝说道："你如果自以为有罪，那不是我也有罪吗？"李离说："法官遵守法纪，错误地判刑也应判自己刑罚，错误地判人死罪就应判自己死罪。您因为我能审察不明显的和判定疑难的案件，所以让我当法官。现在我错误地听取下吏的汇报而错杀了人，罪责应当死。"他没有听从晋文公的劝说，用剑自杀而死。

第八章

改变人：具备影响力，才能改变人

正所谓"正人先正己，做事先做人"。管理者要想管好下属，就必须以身作则，不但要像先人李离那样勇于替下属承担责任，而且要事事为先、严格要求自己，做到"己所不欲，勿施于人"。示范的力量是惊人的，管理者一旦通过表率树立起威望，将会上下同心，大大提高团队的整体战斗力。

(1) 解析"江山易改，本性难移"

人是不能改变的，当你努力想改变一个人的时候，就会发现改变一个人有多么难，难怪古人会说"江山易改，本性难移"。从心理学上来说，"江山"指人的表面性格，是体现出来给自己或者给别人看，给别人评价的。"本性"就是指内在人格，"本性难移"这句话是中国古人就有的智慧，现在仍有指导意义。

就本性来说，本性即天性，是固有的性质或个性，是指一切生物遗传所既有的特性，即一出生就具备的先天性，如饿了就要吃、困了就要睡，以及要活得更好、爱护老幼等。后天形成的都不叫本性。

世界上没有绝对的事物，所谓的"本性难移"也不是绝对的。孟子"性善论"是针对人性的优点而言的，说明善则顺理；荀子"性恶论"是针对人性的缺点而言的，说明恶则违理。也就是说，本性本是不分善恶的，遇善则善，遇恶则恶。在任何组织及任何时间和地点，领导者和被领导者都是不可分割的，二者相互依存又相互制约；而且善恶是随遇而变的。从这些因素来看，如果团队管理者能够打造自己的影响力，那么员工就会在他的影响下做出改变。

(2) 不管出于什么原因，都不要试图去改变别人

不管出于什么原因，都不要试图改变别人，如果一定要这么做，只会让你的生活变得复杂，会虚耗你的能量，让你感到无力和失望。

很多新员工在入职时做不好领导安排的事情，于是就有"前辈"们尝

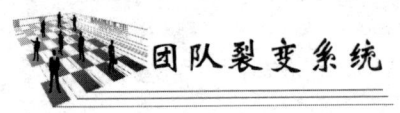

试着改变他,给他讲怎么做一件工作才能完成得比较完美。事实上,这些前辈是在做无效的工作,因为如果你告诉他这件事情怎么做,他可能只会做这件事情,别的事情依然不会做;况且从成长历练的意义上来说,也许他经历的事情多了就会自然而然地明白了。

试图改变别人,很多时候会让你很无奈,甚至有崩溃的感觉,因为人的本性实在太"难移"了。不要试图去改变任何人,哪怕这个人和曾经的你很像,你不想让他吃你以前吃过的苦,但如果他没有自己亲身经历,也许永远学不到什么。生活就像是在发糖,下一颗糖是甜是苦,不剥开尝一尝谁也不知道,所以还是让他自己去面对吧。

第八章
改变人：具备影响力，才能改变人

2. 先改变自己，才能扩大影响力并改变他人

没有人真正想和他人一样，因为每个人所处的成长阶段不同。所以，如果你想改变他人，就要自己先做出一些改变，如果能够因此而对他人产生一些影响，将是一件非常好的事情。

朱莉娅·科尔曼小姐曾经是美国第39任总统吉米·卡特读中学时的班主任，她鼓励吉米·卡特学习音乐、美术，特别是文学，并为他开列了阅读书目。

朱莉娅·科尔曼小姐关爱班上的每一个学生，她告诉学生们："我们应该随着时代的变迁而调整自我，但是我们信守的原则是不变的。"长大以后，吉米·卡特对老师的话有了更深的理解。当年朱莉娅·科尔曼小姐所要告诉学生们的是：我们应该时时分析新情况，然而无论是在选择相守终生的伴侣还是在艰难时刻、考验时刻或是遇到诱惑需做出困难的决定时刻，我们都不仅要适应这些新的挑战，还应该坚守我们所学到的某些原则，例如公平、正直、忠诚等。吉米·卡特永远也忘不了朱莉娅·科尔曼小姐的这番话，并始终坚守从她那里所学到的基本原则。在总统就职演说中，他化用朱莉娅·科尔曼小姐的话说："随着时代的变迁而调整自我，但信守不变的原则。无论我们面临着多么大的

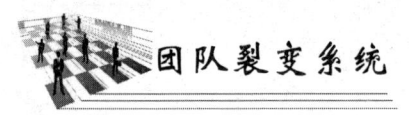

困难,我都决心让我自己和美国人民信守真正的正义与真理的信仰。"

朱莉娅·科尔曼小姐用自己的言行扩大了在学生中的影响力,更是改变了吉米·卡特对坚守人生基本原则的认知。个人的生活如此,企业的发展也遵循着同样的道理。领导者要首先做出改变,然后才能逐渐地扩大影响力并改变他人。

(1) 改变自己要从思想开始

一位哲人说过:"人的思想是万物之因。播种一种观念就收获一种行为,播种一种行为就收获一种习惯,播种一种习惯就收获一种性格,播种一种性格就收获一种命运。"思想决定行为,行为决定命运。要改变命运,就要先改变行为;而要改变行为,要先改变思想。既然改变自己要从思想开始,那么要改变的是什么思想呢?具有积极意义的思想当然不能改变,要改变的是那些消极的思想。

有一个农夫,发现家里有老鼠,就买了一个捕鼠器,准备捕杀老鼠。老鼠看到后,急急忙忙地跑去告诉鸡,鸡却说捕鼠器是用来捕鼠的,与自己没关系。老鼠又跑去告诉猪,猪同样不以为然。老鼠最后又去告诉了牛,个头高大的牛更是觉得小小的捕鼠器与自己毫不相干。无奈之下,老鼠自己躲了起来。

这天夜里,农夫的妻子听见捕鼠器响了,就前去察看,没想到竟然被蛇咬了一口,原来捕鼠器夹住了一条毒蛇。农夫的妻子虽经及时抢救没有死,但从此不断生病,邻居们见状也是议论纷纷。农夫听邻居说鸡能补养身体,就将自家的鸡杀掉,给妻子补养身体。但妻子的身体还是没见好转,他就去请大夫看病、抓药。后来,由于没钱看病,只好把猪杀了卖肉。没过多久,妻子

第八章

改变人：具备影响力，才能改变人

医治无效去世，农夫又把牛杀了卖肉，埋葬了自己的妻子。

故事中的鸡、猪和牛都只顾"自扫门前雪"而不管"他人瓦上霜"，结果都因此蒙祸。由此可见，只想个人的小利益，就会变得心胸狭隘、自私自利，导致团队意识淡漠。而没有团队意识，终将祸及自身！

人的思想总是面临改变，不管你愿不愿意，改变总会来的，但为什么思想的改变总是那么难，仿佛一切力量都在把我们拉回原处呢？因为我们的思想深处有四种恐惧在阻止我们改变。当我们了解了这四种恐惧，就能轻松战胜它们，成功改变自己。

一是对梦想的恐惧。小孩子从来不害怕梦想，可惜的是，当小孩子长成大人时就不敢梦想了，于是永远被困在现实中间。其实，梦想战胜恐惧，才有人类的进步。

二是对失败的恐惧。你的脑子里面满是美好的想法，但是你却从来不敢付诸实施。因为一旦失败，恐惧马上就会来嘲笑你，打击你，因而使你迟迟不动手。打败这种恐惧的唯一方法就是尽快行动起来，0.1虽然比0多了一点点，但意味着你在向目标靠近。

三是对改变的恐惧。当你有些成果的时候，就会引起身边人的害怕。"那个太危险，还是回来吧""当初安安稳稳地过日子不是挺好的吗"，等等，而且他们会说"我们是为你好！"其实，如果你能让你身边的人感到不安，那么说明你已经开始变得强大，因为当他们感到对你无力控制时，他们才会开始想掌控你。

四是对幸福的恐惧。如果你能够走到这一步，说明你已经做到很多人做不到的改变。但是千万注意对幸福的恐惧！比如相互爱恋的人冲破重重阻隔走在一起，但却陷入来自内心的恐惧：这种感觉太好了，真会一直下去吗？从有这个念头开始，就收集各种"幸福不再"的证据，如果你坚持这个想法，就会收集到很多"证据"，于是幸福开始真的离你而去。可见对幸福的恐惧主要来自于内心的资格缺失，即总是觉得自己"没有资格"

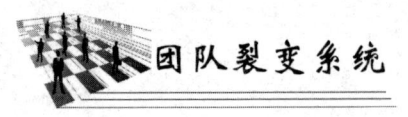

这样。感受当下的快乐和力量,你会发现自己活在幸福当中。我们缺乏的不是幸福,而是感受幸福的能力。吃饭时吃饭,大笑时大笑,痛哭时痛哭,就不会有对幸福的恐惧。

如果你真心希望改变自己,那么就应该像孩子一样敢于幻想,像勇者一样敢于失败,像做自己一样敢于坚持,像真正幸福的恋人一样敢于享受安然。

(2) 改变了自己,一切都将改变

这是一个"赠人玫瑰,手有余香"的故事。

曾经有一个卖花的小姑娘在卖完大部分的花之后,发现天色已晚,所以决定早点回家,但手上还有一朵玫瑰花没有卖完。这时她看到路边有一个乞丐,于是就把那朵玫瑰花送给了乞丐,然后就开开心心地回家了!

也许你会觉得故事到此就结束了,但我要就讲的故事才刚刚开始!

这个乞丐从来没有想过居然会有这么好的事情发生在自己身上,从来没有想过居然会有美女给自己送来玫瑰花,当真是太阳从西边出来了,也许乞丐从来没有用心爱过自己,也没有接受过别人对自己的爱。于是他做了一个决定,当天不行乞了,回家!

回到家之后,他在家里找出一个瓶子装上水,把玫瑰花插进去,然后把瓶子放在桌子上静静地欣赏着玫瑰花的美丽。忽然他似乎想到什么,然后他马上把花拿出来,把瓶子拿去洗干净后再把花插进瓶子里!

原来他突然间觉得,这么漂亮的花怎么能随意插在这么脏的瓶子里,所以他决定把瓶子洗干净,这样才配得上这么美丽的

第八章

改变人：具备影响力，才能改变人

玫瑰！

做完这些工作后，他又坐在边上静静地欣赏着美丽的玫瑰花，突然间他感觉这么漂亮的花和这么干净的瓶子怎么能放在这么脏乱的桌子上，于是他开始动手把桌子擦干净，把杂物收拾整齐！

处理完之后他又坐在边上静静地欣赏眼前的一切，突然间他感觉到这么漂亮的玫瑰和这么干净的桌子怎么能放在这么杂乱的房间里呢？于是他做了一个决定，把整个房间打扫一遍，把所有的物品摆放整齐，把所有的垃圾清理出房间……

突然间，整个房间因为有了这朵玫瑰花的映射而变得温馨起来！这时他仿佛忘记了自己所在何处，正在陶醉时，突然发现镜子中照出一个蓬头垢面、不修边幅、衣裳褴褛的年轻人，他没想到自己居然是这个样子，这样的人有什么资格待在这样的房间里与玫瑰相伴呢？

于是他立刻去洗澡，这是几年来唯一的一次洗澡，也是他第一次洗澡。洗完之后找出几件虽然显得有点旧，但稍微干净的衣服换上，刮完胡子之后，把自己从头到下整理了一番，然后再照照镜子，发现一张从未有过的年轻帅气的脸出现在镜子中！

这时候，他突然间觉得自己也很不错，为什么要去当乞丐呢？这是他当乞丐以来第一次这样问自己，他的灵魂在瞬间觉醒了：其实我也很不错。再看看房间中的一切，再看看这朵美丽的玫瑰花，他立刻做出了一个人生中最重要的决定！

他决定第二天不再当乞丐而是去找工作。因为他不怕脏和累，所以第二天他很顺利就找到了一份工作，或许是因为他心中盛开的玫瑰花激励着他，随着他的不懈努力，几年后他成了一个非常有成就的企业老板！

若干年后，他终于寻找到当初送花给他的小姑娘，并把他一半的财产送给了小姑娘，不为别的，只为感激她在他沦落为乞丐

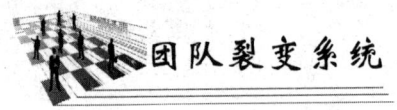

时送他的一朵玫瑰!

故事到这里讲完了。那不是一朵玫瑰,而是一份希望,一份对人生的希望,一份对美好未来的希望!不要把自己沉沦在失败的边缘,只要让自己开始做一些小小的改变,那么一切都改变了!

3. 领导者如何影响甚至改变别人

领导的目的是通过影响甚至改变别人来达到企业的目标。如何影响甚至改变别人？首要的是抓住人性的本真，并注重在人际关系中做个受欢迎和受尊重的人，这应该是领导者需要把握的两大要点。

春秋时期，各个诸侯国战乱不断。"春秋五霸"之一的楚国国君楚庄王（名熊旅，别称熊吕、熊侣）依靠名将养由基平定了叛乱后大宴群臣，宠姬嫔妃也纷纷出席助兴。宴会至黄昏仍未尽兴，楚庄王就命人点烛夜宴，还叫最宠爱的两位美人许姬和麦姬轮流向文臣武将们敬酒。

忽然，一阵疾风吹过，筵席上的蜡烛被吹灭了。这时一位官员斗胆拉住了许姬的手，拉扯之中，许姬撕断衣袖得以挣脱，并且扯下了那位官员帽子上的缨带。许姬跑到楚庄王面前告状，并让楚庄王点亮蜡烛查看在座众人的帽缨，以便找出刚才那个无礼之人。楚庄王听完许姬的哭诉，却传令不要点燃蜡烛，然后大声说："寡人今日设宴，与诸位务要尽欢而散。现请诸位都去掉帽缨，以便更加尽兴饮酒。"听楚庄王这样说，大家都把帽缨取下，这才点上蜡烛。君臣尽兴后散去。

回到宫里，许姬怪楚庄王不给她出气，楚庄王解释说："此

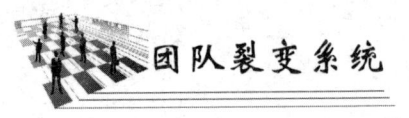

次君臣宴饮,旨在狂欢尽兴,融洽君臣关系。酒后失态乃人之常情,若要究其责任,加以责罚,岂不大煞风景?"许姬这才明白楚庄王的用意。

7年后,楚庄王出兵郑国。在两军临阵之际,有一员战将主动向楚庄王请战,要率领部下先行开路,楚庄王应允。这员战将所到之处拼力死战,大败敌军,直杀进郑国国都。

此战之后,楚庄王论功行赏,才知请战的战将名叫唐狡。唐狡表示不要赏赐,并且坦然承认7年前宴会上无礼之人就是自己,今日主动请战,完全是为了报7年前楚庄王不究之恩。楚庄王闻听,大为感叹,便把许姬赐给了唐狡。

所谓"种瓜得瓜,种豆得豆",楚庄王以宽阔的胸怀抓住了人性的本真,赢得了臣子的尊重,使臣子能够在关键时刻舍身效命。可以说,这是他成就霸业的一个极其重要的因素。

对今天的企业领导者来说,宽广的胸怀和气量是构成领导影响力的主要要素。"宰相肚里能撑船"这句俗语,就形象地说明领导者要有宽大的胸怀和气量。倘若领导者没有宽广的胸怀和气量,就不可能有积极工作的员工。

(1) 抓住人性的本真

我们知道,人的本性不分善恶,遇善则善,遇恶则恶,这是人性的本来面目。当一个人的世界观和视角在一定的条件下发生改变时,其真实的和可持续的行为改变就会出现。认识人性的这种特点,对于领导者领导企业具有重要意义。作为一个领导者,要想影响员工甚至改变员工,就应该抓住人性这个根本,用人性的本真来驱动这个结果。

在中国企业家群体中,马云就是这样一个特立独行的人。他在不同场合的讲话和演讲激情、幽默,带给人们的不仅有听觉上的冲击,更有智慧

第八章

改变人：具备影响力，才能改变人

和灵感的碰撞。马云对管理的深刻认识和实践让我们有理由相信，阿里巴巴的文化管理绝不是一句虚言。《给马云一个团队，他会怎么管?》这部书展示了马云的管理，其核心就是抓住人性的本真。事实上，"抓住人性的本真"并非空泛的口号，而是阿里巴巴自创立以来一直自上而下践行的HR管理精神内核。

对于员工，马云曾有二段话这样表述："我们对进来的员工都给予他们三样东西，一是良好的工作环境（人际关系），二是钱（今天是工资，明天是资金，后天是每个人手中的股票），三是个人成长。第三点是非常重要的，公司要成长首先要让员工成长，人力资源不是人力总监一个人的事，是从CEO到每个员工都要认真对待的事。要让员工成长是件很困难的事，要很长的一段时间，我们还要做到的是帮助外面刚进来的员工怎样融入我们这个团队。"

在马云的带领下，在马云"抓住人性本真"思想的践行过程中，阿里巴巴的人力资源管理折射出人性的本真光芒，绚烂而朴实。比如，阿里巴巴的员工、上下级之间和同事之间都像同学一样相称，阿里巴巴的每一位员工除了中英文名之外还有一个"花名"，比如马云的"花名"就是"风清扬"。这样一种文化使得学生从学校进入公司后没有那种巨大的落差。又如，一位刚毕业参加工作的员工和女朋友总是有矛盾，情绪不好，工作干不下去，于是马云大声呼吁身边的同事谁有经验能分享，让他成熟一些……正是这样的文化氛围让更多毕业生不断涌入阿里巴巴。

当你传递的是一种美好的情感时，对方也会还以微笑。只有抓住了人性的本真，才有可能影响别人甚至改变别人。

(2) 做个受欢迎和受尊重的人

受人欢迎和受人尊重是影响人和改变人的前提条件。影响人和改变人属于"领导者影响力"中的非权力影响力，事实上，在人际关系中最能反映出这种非权力影响力的"场效应"，人际影响力是领导者能力的一个重

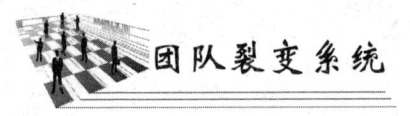

要表现。这就是说,领导者应该注重在人际交往过程中达到影响别人和改造别人的目的。

人际关系是非权力影响力的一个核心内容,人际交往能力是领导者非权力影响力的体现。人际关系虽然不能让人有三头六臂,但却可以使人能力增强、影响扩大。要想成为一个好领导,就要打造属于自己的人际关系平台。作为一个好的领导者,就要在人际交往中放下架子,多参与各种活动,尽一切可能与员工打成一片。"生时靠人带,死时靠人拜"这是领导人际关系的最高境界。

人际交往的秘诀是主动,一个人只有主动了,才可能蓄积力量并影响他人。成功来自主动,领导者应该成为人际关系中主动的一方,主动讲话,主动伸出手,主动展示灿烂的微笑,主动释放自己的资源,主动与对方合作。在这之中,尤其要主动表达感情,这是因为,第一,人际互动中决定情感步调的人自然居于主导地位,对方的情感状态将受其摆布。这与生物学的生物时钟很接近。第二,情感协调是一个人所具有的最重要的交流技巧之一。创造情感协调就是创造和揭示共同之处。因此,在人际交往活动中,领导者要主动表达自己的感情,主动找部下交流,可以有效地把握和掌控局面。

在人际交往过程中影响人和改造人,要掌握自己和别人的交往频率,要互补性交往,进行互惠性奖赏。具体来说,人际交往过程中要注意四个方面:

一是人格互尊。例如,自己主动给对方打电话并不代表失去人格。二是目标互促。目标可以相互促进,合作是双赢的关系。三是困境互助。从经济学角度讲,雪中送炭的价值更大,投资最大的秘诀是在别人困难时帮助别人。在别人困难时给予帮助,会得到别人加倍的回报。四是过失原谅。在人际交往过程中,要学会原谅对方,学会宽容。

在人际交往过程中影响人和改造人,还要掌握交往方法和技巧。人际交往的方法和技巧有很多,这里简单介绍几种:

一是给他人说话的机会。他人说话时,不要打断,要耐心地听,诚恳

第八章
改变人：具备影响力，才能改变人

地鼓励对方充分说出其看法。这需要控制自己的情绪，对自己情绪的控制可以体现一个人的修养。作为领导者，更要在人际交往过程中的情绪控制中体现自己的修养。二是发自内心地赞美。与别人相处，要被别人喜欢，就要学会发自内心地赞美别人，而且赞美别人时一定要情真意切。三是赢得他人赞同。作为领导者，要努力赢得他人的赞同和支持，就要做到：第一，提问引出观点；第二，让对方立刻说"是"；第三，认同对方，拒绝争论；第四，承认错误，表达观点。此外，还有尊重对方、记住别人的名字、真诚地关心别人、了解别人的利益、满足对方的成就感、己所不欲勿施于人等。

总之，领导者要影响别人甚至改变别人，就要抓住人性的本真，并注重在人际关系中做个受欢迎和受尊重的人。

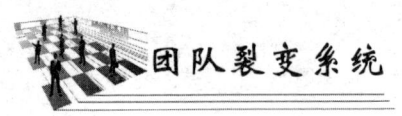

4. 领导者如何打造强大的影响力

影响力在领导过程中发挥着重要的作用,它是整个领导活动得以顺利进行的前提条件,影响着组织群体的凝聚力与团结,可以改变和影响组织成员的行为。所谓"欲戴皇冠,必承其重",作为领导者,必须打造强大的影响力!

雅克·罗格先生曾是一位水上运动员,曾16次参加比利时帆船大赛,获得过世界冠军,3次参加过世界帆船大赛,获得过一金二银;他还在1968年、1972年、1976年连续3次参加奥运会皮划艇比赛,获得过世界冠军;此外他还是比利时国家橄榄球队的队员,曾为比利时橄榄球队出场10次。更具有神奇色彩的是,他在退役后成了一名外科医生,曾获得比利时根特大学医学博士学位,是一位矫形外科医师;同时他还是一位语言天才,精通荷兰语、英语、法语、德语和西班牙语。2001年,雅克·罗格先生接任萨马兰奇出任国际奥委会第8任主席。

渊博的学识和高超的才艺是构成领导影响力的基础。在这一点上,雅克·罗格先生确实为我们树立了榜样。

第八章

改变人：具备影响力，才能改变人

（1）拥有影响力的重要性

影响力之所以重要，主要体现在：团队需要领导施加影响力；权可压人不可服人；要做事，先做人；乐意干才能出效率，才能长久。

第一，团队需要领导者施加影响力。当今时代是一个团队作战的时代，没有团队，个人很难将企业做起来。有了团队，就需要领导者推进团队的发展。现代社会是团队作战，所以每个人都要起作用。如在篮球场上，再好的教练也不能亲自上场，必须靠队员打球。所以队员在打球的过程中，如何上篮、如何配合、如何抢点，都依靠教练平日的训练。训练的过程就是施加教练影响力的过程，影响力是对人把握的一种能力，所谓"人定胜天"说的就是这个道理。团队需要领导施加影响力，这是领导力的核心。

第二，权可压人不可服人。有一句话说得好："金钱可以买来服从，买不来尊重。"用命令的方法可以让人做事，但不可以让人心服口服。权力可以买来奴才，但是买不来英才。权力背后有比权力更重要的东西，那就是人的心理成长。让人的心理自觉按照领导者的要求成长，是领导者影响力的一个重要方面。

第三，上下一致，注重合作。管理学大师彼德·德鲁克写过一本书叫《卓有成效的管理者》，书中有一个非常重要、被很多领导者推崇的观点："好的领导者要学会领导自己，学会领导自己的部下，学会领导自己的上级。"使自己的想法与上下级想法达成一致，即先建立合作关系、进行资源积累，然后才去做事情。合作需要领导和影响力，没有领导行为就没有影响力，影响力是领导行为的体现。

第四，让员工内心自愿服从。要解决被领导对象内心自愿服从的问题，了解领导对象非常重要。现在的高素质员工，不像20世纪六七十年代出生的人那样挨过饿、受过苦、懂得服从，"80后""90后"是伴随着中国改革开放成长起来的，内心崇尚自由，不需要领导者用一个"管"字。"90后难管"，这本身是错误的，不是"管"的问题，而是与"90后"相

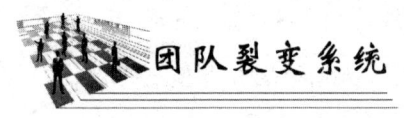

处的问题,即如何通过施展领导者的影响力发挥员工的作用。没有一个管理对象是"不好管"的,只是没有找到适合他的方法。因此,要针对管理对象施加影响力。很多领导者都会犯一个错误:用自己认为对的方式去管理,而不是用管理对象能接受的方式去管理。现代是一个需要体现领导者影响力的时代,而不是一个需要权力的时代。这是企业经营者必须明确的概念,要知道"乐意干才能出效率,才能长久"。

(2) 领导者影响力的构成因素

影响力是指一个人在人际交往过程中影响他人思想和行为的能力,强调用他人能够接受的方式改变他人的行为。影响力有三个特点:一是渗透性,可以影响到细微、深层;二是说服性,无需使用语言或技巧;三是不受时间、空间的限制。

领导者影响力的构成因素包括权力因素和非权力因素两类,前者包括传统、职位、资历等因素,后者包括品格、能力、知识、感情等因素。

传统、职位、资历等权力因素带有强迫性、不可抗拒性的特点,它是通过外推力的方式发挥其作用。其中,传统因素是指人们对领导者的一种由历史沿传而来的传统观念。职位因素即领导者在组织中的职务和地位。居于领导地位的人有一定的法定权力,有了这种权力,就可以左右被领导者的处境,使被领导者产生一种敬畏感。资历因素在一定程度上能够反映出一个人的实践经验和能力。领导者的光荣历史、非凡经历,往往能使被领导者产生一种敬重感。

品格、能力、知识、感情等非权力性因素主要来源于领导者的个人魅力以及领导者与被领导者之间的相互感召和相互信赖。其中,品格因素是非权利感召力的本质要素和重要前提。优良的品格会给领导者带来巨大的感召力,使群体成员对其产生敬爱感。能力因素是非权利性感召力产生的重要内容。领导者使员工的专长得到充分发挥,使团队的各项工作更加井然有序,都需要具备一定的能力。知识因素是非权利感召力产生的科学性

第八章

改变人：具备影响力，才能改变人

要素，是领导者领导群体成员实现群体目标的重要依据。丰富的知识会给领导者带来良好的感召力，会使下属对其产生依赖感。情感因素是非权利性感召力产生的重要纽带。领导人深入基层，时时体贴关心下属，和下属同甘共苦，就容易使下属对其产生亲切感，下属的意见也容易反映到领导处，从而在领导做决策时可以根据下属的工作情况和思想状况做出更科学、合理的决策。

（3）提升领导者影响力的途径

在强调企业人性化管理的时代，与带有强迫性、不可抗拒性特点的权力相比，影响力更多的应该体现在品格、能力、知识、感情等非权力性方面。因此，要提升领导者影响力，应该注重打造领导者的个人"软实力"，可以从实力、品格、情商、细节四个方面着手。

实力是影响力的基础，实力决定影响力。对于领导者来讲，有实力首先要有能力。在中国，有能力的人就是英雄。成功的领导者在领导过程中往往表现出超群的领导才能，既能得到上级的信任和赏识，又能得到下属的爱戴和拥护。首先，打造个人实力，要有奉献精神。奉献是中国文化的核心，奉献就是一种牺牲精神。"身先士卒""率先垂范""以身作则""德高望重"这些都是形容领导者的词汇，表明领导者将自己的精神打造得优秀，才能算领导。其次，打造个人实力需要知识，"知识就是力量"。美国未来学家阿尔文·托夫勒在《第三次浪潮》中提到：高质量的权力来自于知识的应用，知识是用途最广的社会控制的根本来源。21世纪，拥有信息的人才能拥有未来。因此，领导者要做社会的洞察者和思考者，通过学习知识掌握各种信息。

品格是影响力的土壤。每个人都有自己的心灵空间，心灵空间主宰着人的生命，人在内心一定要意识到人的道德和修养应该被尊重。领导者要体现影响力，其品格是不可忽视的内容。某种意义上说，品格比才能更重要。首先，打造个人品格，要以德服人，以德治众。领导者道德品质的力

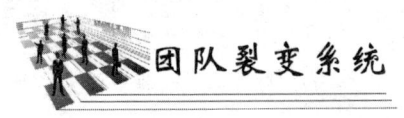

量，会对身边的人产生巨大的影响力。人不可能一天就能将自己培养成道德的楷模。因此要给自己一点慢下来的时间，在这个过程中，去思考、观察自己，体会自己的心跳、呼吸、做过的事、对未来的思考，从而修炼领导的心性。其次，打造个人品格，诚信必不可少。诚信的力量是巨大的，领导要培养自己的诚信意识，以诚信赢得影响。要忠诚于自己的人生、事业，以身作则影响员工，打造出一个诚信的团队。

情商决定影响力。智商高，情商也高的人，春风得意；智商不高，情商高的人，有贵人相助；智商高，情商不高的人，不懂得和人打交道，不懂得获得外部的帮助，可能怀才不遇；智商不高，情商也不高的人，一事无成。领导者要通过提高修养控制情绪，通过某些管理行为使组织氛围变得和谐，从而体现领导力。一个领导者不仅要打造自己的高情商，还要打造自己团队的高情商，并且有使命和责任去维护组织成员的情商。

"细节决定成败！"一个不关注细节的人很难有大成就，一个不大气的人也很难有大成就，人要有所成就是既大气又关注细节。有影响力的领导者都是注重细节的人。

（4）如何运用影响力策略

运用影响力策略，重要的是抓住说服、沟通、商议、合作这四大核心。

说服力就是影响力。领导者说服员工的过程就是形成共识的过程，销售人员说服顾客的过程就是与之建立信任关系、影响其购买决策的过程。好的领导者要有非凡的表达能力，要会传播自己的思想。一流的表达能力不一定是能说会道，成语"点到为止""恰到好处"指的就是说话既要有内容又要有形式。古人刘勰云："一人之辩重于九鼎之宝，三寸之舌胜于百万之师。"讲的就是非凡的表达能力。

说服应该是理性的，注重运用逻辑论证和事实论据来表明某个要求或方案是可行的，并且与达成目标密切相关。说服策略适合应用在让下属分

第八章

改变人：具备影响力，才能改变人

担领导的责任上，但如果下属没有认识到领导的要求或方案，这就需要领导者告知并引导他，要阐明执行某项任务或者支持某个方案对对方是有好处的，或者是有助于对方未来的职业发展。当下属知道这个方案将产生潜在的好处时，这项策略是最有效的。

沟通是一种互动、交流的方式，因此应该是鼓舞人心的。鼓舞人心的沟通有效性取决于领导者的沟通技巧。沟通是衡量领导者影响力的重要标准，不善于沟通的领导者常常会陷入孤军奋战的境地，善于沟通的领导能够激发员工解决问题的热情和能力。

商议要在平等的氛围中进行，平等商议的成功在于人们认可该任务是值得去做的，否则将失去执行战略规划的兴趣。因此，要在商议中提出改进意见，帮助员工制定行动计划，并让员工能够完全理解。

合作应该是团结的，团结合作意味着相互了解、相互信赖、相互支持，因此具有非常强的影响力。当人们对于完成某项任务需要投入大量的精力、克服重重困难而缺乏积极性的时候，合作策略尤其管用。

当然，运用影响力策略来影响人要看对象是谁，不同的人应该运用不同的策略。

第九章 倍增人：培养新人，让人的价值产生裂变

> 团队倍增主要是人数的增加和业绩的提升。实现团队倍增，首先要不断推荐与跟进新人，推荐旨在使团队人数持续增多，跟进旨在使团队发展速度加快；其次要注重提高团队执行力，尤其是员工的个人执行力，高效的执行力才能创造骄人业绩。在这个过程中，通过不断地吸纳人、培养人，最终让人的价值产生裂变，为企业创富，为个人增收。

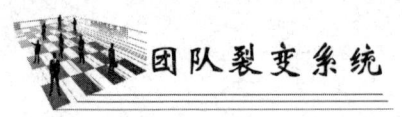
团队裂变系统

1. 沙里淘金，推荐与跟进新人的原理

推荐新人和跟进新人是团队管理者的两项重要工作，管理者有责任推荐新人加入，以壮大团队人才队伍，还要跟进新人，帮助新人适应新环境并能够创造出业绩，从而实现团队倍增。推荐新人与跟进新人的过程就像"沙里淘金"的过程，即经过淘金、炼金、淬金等一系列过程，最终获得了一粒微小的"金粒"。这样的小金粒、这样的新人，就是经过严格筛选、残酷的市场检验成长起来的精英人才。

（1）推荐：企业系统性支持＋推荐者的能力

团队要壮大需要不断地推荐新人，唯有推荐新人团队才会快速扩张，效率才会倍增。这里的推荐，主要指的是企业内部推荐，它是企业通过发动企业内部员工调用自己的人脉资源来帮助公司推荐优秀候选人的招聘方法。企业招人有不同的渠道，主要包括外部招聘和内部招聘两大块。比较而言，内部推荐招聘成本小、招聘周期短、招聘质量高，这就导致被推荐人和职位的匹配度又比猎头推荐的人高了很多。事实上，内部推荐已经成为很多大中型企业的招聘来源之一，比如腾讯、德勤、渣打银行等知名企业有近50%的员工都是通过内部推荐招聘到位的。

做好内部推荐工作，一方面企业要系统性地予以支持，更重要的是推荐者本人要具备"推荐"的能力。

第九章
倍增人：培养新人，让人的价值产生裂变

从企业方面来说，结合腾讯、阿里等知名企业成功实践案例，企业做好内部推荐需要做到以下三点：

一是公司高层领导重视并给予支持。员工举贤其实是其对企业忠诚度的体现，所以企业向员工表达其为企业所做的额外贡献的鼓励时不仅需重视物质激励，更要凸显精神激励，比如设置公司推荐积分排行榜、优秀伯乐奖、发放成功推荐奖金等，高管亲自发放奖金，以充分激励员工内推的积极性。

二是建立完善企业内部推荐流程和机制。内部推荐优先于所有其他招聘渠道，所有内部推荐渠道进来的简历HR必须24小时内响应，对推荐合格的员工采用积分制等，并实行灵活的内部推荐奖励制度，确保内部推荐机制的畅通和有章可循，提高员工的参与度。

三是有好的系统工具支持，确保公司员工内部推荐有方便快速统一的简历递送入口，支持HR能够积极响应优先处理内部推荐过来的简历，并能够实现人力资源部门简单快速地统计分析内部推荐的简历和效果。

从推荐者方面来说，推荐者要推荐成功，必须对于公司背景、产品专业知识、福利制度、沟通技巧等方面有深入了解与得当应用。另外写好推荐信也很重要。

一是具备专业知识。从事任何行业都需要具备该行业的专业知识。有道是"闻道有先后，术业有专攻"，有了专业知识后再做邀约、沟通，能够让对方感觉我们是"专业人"，了解对方需求、创造对方需求，透过得体的应对、真诚的赞美，往往容易成功地说服对方。

二是写好推荐信。推荐信主要包括这样一些内容：其一，交代推荐人与申请者的关系。推荐人以何种身份写此封推荐信？是朋友、上司、老师？认识多久？关系有多密切？其二，推荐人自己的介绍。推荐人的专业背景为何？在此领域多久？有何资格推荐此申请者？其三，所推荐之人的优点，诸如学历方面的优点、个性的优点、得到的奖项，等等。举出实例会使优点更有说服力。需要特别指出的是，推荐信本质上是以推荐者的个

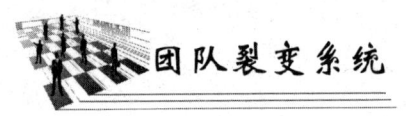
团队裂变系统

人信用"作保",来"证明"该申请者具备信中所述的优秀品质,因此推荐新人必须以企业用人的三大标准即态度好、能力强、忠诚度高为依据,从这三个方面来考量。只有推荐适合企业的人,推荐工作才有意义。

(2) 跟进:遵循流程,做好引导

推荐新人与跟进新人是团队倍增中的两个重要环节,缺一不可。没有推荐,后期的跟进无从谈起;而没有跟进,推荐就会变得虎头蛇尾。所谓跟进,其实是一个针对新员工的试用期管理问题。让新员工能够顺利地度过试用期,顺利地稳定企业新员工,是实现企业发展的愿景、目标。做好这项工作,对新人认识、融入公司企业文化很重要,对企业进一步了解新人状态也很重要。对新人积极地跟踪,积极地沟通,在工作中进行了解,可以很好地把握新员工的动向,也可以有效地引导新员工尽快适应工作岗位,给企业带来新的血液,推动企业的发展。

跟进是一项比较费时费力的工作,不同公司对员工试用期有不同的管理,有的偏重业绩,有的偏重关怀,有的二者兼之。但从经验来看,一是遵循一定的流程,二是做好引导。

新员工的试用期跟进工作应当分成以下几步来完成:

一是完善入职手续。包括发放报道通知、办理入职手续,安排食宿等。从新员工踏入公司大门开始,就要把新员工当成自己的同事、朋友来对待。入职手续要求的资料应在报道通知中一次性说完,避免新员工产生抱怨情绪。食宿安排等事先应说好相应的条件,避免期望过高与实际不符。一系列的事务看似很小,但也是企业文化精神的一种体现,是对新员工无形中的感染。

二是文化灌输。不同的企业有不同的企业文化。企业文化说大了有企业整体的思维习惯,说小了是企业每一条规章制度,员工的每一个动作要求。国企、民企、外企等不同类型的企业文化千差万别。一个新员工尤其是重要岗位员工,团队管理者尤其是人力资源部的人员必须熟悉他的简

第九章
倍增人：培养新人，让人的价值产生裂变

历，了解其思维特征与从业经历。因为这些都会对他能否快速适应企业文化有较大的影响。在这方面，入职培训必不可少。入职培训的内容应当包含企业基本文化理念、企业规章制度、企业行为习惯、企业主要管理人员认知等方面的宣导。好的入职培训不是简单的照本宣科，更应该是员工心灵的洗涤，是新员工对企业行为习惯思维方式的初步了解。最好以游戏、体验式培训等方式为主，避免连续几天的课堂式教育。

三是用心带教。一个新员工在入职培训后，就要分配某各个部门，这时候团队管理者尤其需要发挥作用，一般要做到日关注、周座谈、月汇报等。所谓日关注，就是每天上班前简单地告诉新入职的员工应该做些什么、注意些什么；下班的时候，与新员工就这一天遇到的问题进行交流，真正遇到的问题一定做到日关注，沟通解决。所谓周座谈，就是每周五下午用一点时间来谈一谈一周的体会：能够做些什么？有些什么不能够做的？思想动态是什么？行动是什么？同时简短地沟通布置下周的目标，每周简单总结。月汇报主要是针对新员工的，新员工要写出当月的感受，管理者（包括人资部门）认真阅读这些总结，根据这个月的整体情况安排后续的工作。

这里值得一提的是，成熟的企业也许有完善的新员工入职体系，可以帮助各类型新员工尽快融入团队，但不少单位制度流程都不完善，许多事情不是法治靠人治，这是现实更是他们的习惯，要改变他们，谈何容易。所以，对新员工来说，融入环境最大的动作就是适应新环境的习惯养成。新员工自己应该更加主动地走向老员工，从感情、习惯等方面尽快成为他们中的一员，这对顺利度过试用期和个人成长成熟都十分重要。

总的来说，培养新员工融入环境如同移栽一棵小树苗一样，需要掩土、浇水和施肥，需要我们多管齐下，对新员工如同对待自己的亲人朋友一样，关心关怀，力所能及地为之提供工作、生活便利，使之能在新环境下生根发芽。

在跟进过程中，做好引导是重中之重，它直接涉及到员工的岗位匹配

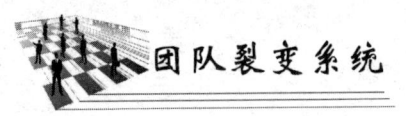

及员工的稳定性问题。这方面有许多工作要做，下面就几个主要方面谈一谈。

一是做好试用计划。试用计划最关键！没有这样的计划，靠新员工自己摸索或上级想到什么就干什么，是难以让新员工感觉到集体的温暖，更难促使其较快熟悉工作并取得业绩的，难以融入团队，进而让新员工在试用期内就会选择离开。这个计划应当由该新员工的直接上级为主导，部门负责人、HR部门审核，新员工签字确认，当然，这个计划需要与公司人才培养和部门整体工作计划相协调。内容可以包括：入职培训、岗前培训、环境熟悉、工具领用、指派导师、工作指导、生活关怀、心理疏导、技能提升、每周总结、员工意见等。这些内容都必须从5W2H角度给予规范，也就是落实具体的内容、措施、员工、时限、跟踪人、目标、费用等。这样，可以帮助企业考核、监督、检查新员工是否符合录用条件或胜任工作岗位，而且有详实的事实和依据，少去了仲裁或诉讼的风险。

二是直接上级——管理者重任在肩。即使制订了试用计划，还得依靠新员工的直接上级或师傅们来具体实施和全面监督检查与落实，而其他人员或部门是不太可能每天24小时来关注某位新员工的。所以，该新员工试用期的生活、工作、态度、友情、变化等，其直接上级或周边同事、师傅们是最清楚的，其中，能够施加最大影响的就是其直接上级，即团队管理者，他可以号召身边的同事、下属帮助支持新员工，从而营造非常融洽的气氛和温暖的"家庭"，让新员工感受到大家的温情，让大家感觉到新员工的热情。当然，直接上级也可以相反"操作"，从而让新员工感受到威胁与无赖，很难度过试用期，或者让新员工发挥自己的聪明才智去摸索度过试用期。

团队管理者要用心沟通，做好沟通工作。沟通的重要性不必多言，工作中的每个环节都与沟通有关，与新员工的沟通也是如此。沟通有很多方法，比如：站在新员工的角度和他们聊天，和他们保持同一个频道，这样才能聊起来；要用心去听，听的时候不要预设答案，不要用自己的经验去

第九章
倍增人：培养新人，让人的价值产生裂变

判断，不要打断员工的想法。这样才能听到最全、最真实的信息，才知道如何去选择、判断，才能知道如何去跟进。

三是师带徒。新员工能不能适应公司的需求，是否符合公司的发展需要，都由指定的师傅向人事部定期汇报，新员工顺利转正，给师傅一定的奖励，未通过转正要接受处罚。奖励可以是现金，也可以是荣誉，也可以是晋升、培训的机会，处罚可以是现金，但最好用其他形式。比如"上黑榜"、做"苦役"等。人事部门需要做的就是定期和师傅们进行沟通，了解新员工的情况，不定时地找新员工了解情况，进行转正相关考核。

四是人资部门要跟进。新员工到工作岗位后，人资部门不能不闻不问，对二三级入职培训、新员工工作状态、上级的反映、同事的看法、新员工想法等进行定期的跟进，方式可以是电话、现场或问询等，频次可以是每周、半月。这样的跟进，方便及时了解到新员工各方面情况，减少用人部门领导一面之辞的可能，更客观掌握新员工试用情况，对不合格新员工及时处理，对表现优异的提前转正。这样的跟进，让新员工更有底气，感受有娘家支持，可以说真话，有利于正气在公司各部门弘扬。

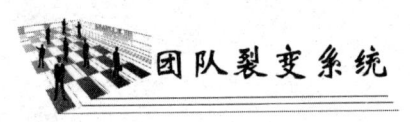

2. 直销团队倍增三层次：个人、会场、团队

直销是指厂家绕过传统批发商或零售通路，直接销售商品和服务给消费者。直销是直接从消费者那里接收订单，因此很多时候是一个"面对面"的过程。带直销团队就是带野心、带梦想、带欲望、带状态，为此要激发个人能量，掌控会场氛围，壮大团队队伍，这是直销团队实现团队倍增的三个层次。

(1) 个人层次：企图心 + 沟通能力

所谓个人层次就是让自己成为一名讲师有什么好处？为此要提升自信心和企图心，强化沟通能力。

人最大的力量来自于内心的力量，有的人不成功是因为没有企图心。作为一个直销员来说，提升自信心和企图心更是非常必要的。当你在台上进行公众演说的时候，你的自信心就上来了，你会觉得自己还能在舞台上展示自我，你会觉得自己很优秀，是一个与众不同的人，是一个离成功越来越近的人，这叫企图心。

迈克尔·乔丹是美国NBA最伟大的篮球运动员之一。高中的时候，他的教练却告诉他："乔丹，你身高不够高，没有超过180厘米。即使你球打得再好也不可能进入NBA，我们决定不要你这

第九章
倍增人：培养新人，让人的价值产生裂变

个球员。"迈克尔·乔丹想，怎么可能？我未来要进北卡罗来纳州大学，怎么可能因为我身高太矮连高中校队都进不去？于是他跟教练说："教练，我不上场打球，可是我愿意帮所有球员拎行李。当他们下场的时候，我愿意帮他们擦汗。请你让我在这个球队跟球员一起练球，这是我要成功的企图心。"教练发现乔丹的企图心的确超过任何人，所以他接受了乔丹的建议。乔丹在篮球场给球员拎行李不辞辛苦，有时甚至累倒在地上睡觉。乔丹早上练球，中午练球，下午跟着球员一起练球，晚上还要练球，他比任何人都要勤奋。乔丹的父亲曾说过：他们全家人的身高没有一个超过180厘米，而乔丹想要成功的企图心却让他长到198厘米，他果然如愿以偿进入了北卡罗来纳州大学。随后，乔丹进入了NBA，又连续多年获得了得分王、最佳防守球员、最有价值球员等荣誉。

企图心改变了迈克尔·乔丹的一生。所以，如果你作为直销员，想要达成一个目标却没有实现，可能是你的企图心还不够。成功的第一个条件就是拥有强烈的企图心！成功的第二个条件是拥有强烈的企图心！成功的第三个条件还是拥有强烈的企图心！

做直销就是做沟通，销售产品的过程就是沟通的过程；销售保健品就是和客户沟通健康很重要；销售护肤品就是和客户沟通美丽很重要。推荐事业的过程也是沟通的过程，你要和客户沟通人生要改变，人生要有梦想。沟通就是把我们的思想装进别人的脑袋里，把别人的钱装进我们的口袋里。当你在台上成为一名讲师时，自然而然，你在台下的沟通能力就得到了强化。

同顾客交流和沟通是直销员的日常工作。在直销员和顾客交流的时候有一个有趣的现象，就是当直销员和顾客之间互相认同和欣赏的时候，总是容易达成销售或者推荐。俗话说"同流才能交流，交流才能交心，交

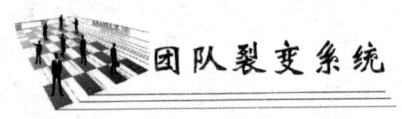

心才能交易"。直销员要怎么做才能找到和顾客相同的频率,从而让顾客更快地认同自己呢?下面将结合案例和大家分享一些同频率沟通的技巧。

一是服饰共同语言。服饰是人们交往过程中留给对方的第一印象,从服饰方面找到和顾客的共同语言是容易也有效果的。一次,直销员大刚到外地出差。火车上,一位女士坐在他的对面,该女士着装大方、简洁、得体。出于职业习惯大刚和那位女士交谈起来。大刚和她聊起了关于服饰搭配的话题。大刚向那位女士请教:"你看我个子比较矮,穿什么衣服比较合适呢?"女士告诉大刚:"欧版的服装在剪裁方面非常注重收腰和提臀,应该是你比较合适的选择。"大刚铭记于心。下车之前两人互相留了电话。一周之后,两人相约在一个茶楼见面,大刚一改上次西装革履的形象,穿着一身欧版的休闲服出现在女士的面前,让女士眼前一亮。更让她意外的是大刚选的是她喜欢的那个品牌。于是感到非常惊喜和亲切,两人再次聊得很投机。结果那位女士日后成了大刚的顾客。

二是语音、语调、语速。直销员在与顾客交流的时候,要注意语言音调和速度的运用。直销员阿涛的一个顾客是退休老教师,说话速度特别慢。这个老师保健意识很强,每个月都要消费不少的保健品,对直销商而言是个优质顾客,可是之前有不少年轻人无法接受这个顾客说话很慢的特点,在和他交谈时往往打断这个老师的谈话,表现得很不耐烦。老师很不满意,于是经常在不同的直销员那里购买保健品,直到他遇到阿涛。阿涛也是个年轻人,可当他遇到像这个老教师一样说话很慢的顾客,他就努力放慢说话的速度。正是这一点,让他深受这个老教师的喜爱,这个老师也成了他最忠实的客户。

三是肢体语言。人与人之间的交流,有时候肢体语言传达的信息比语言更加精确。直销员王女士约好了她的一位顾客在茶楼见面。见面的时候王女士看见对方正双手交叉地抱在胸前,跷起二郎腿坐在凳子上。王女士立刻读懂了对方的肢体语言:对方对自己缺乏信任。经验丰富的王女士明

第九章
倍增人：培养新人，让人的价值产生裂变

白自己需要做的第一步就是取得对方的信任。"你好，我姓王，某某的朋友，很高兴认识你。"王女士友好地问好，表现得落落大方。接着王女士将手掌朝上摊开双手，那意思是在说："我是友好的。"在谈话的时候她还把一只手都伸向对方，消除对方的警惕心理。也许是被王女士开放的肢体语言所打动。对方的肢体语言发生了变化，慢慢将交叉的双臂放下，二郎腿也慢慢放下，为了看清楚王女士展示的资料，他将身体微微前倾。等到交流结束，对方的肢体语言已经变得和王女士同频率了。他们的沟通也自然达到了预期的效果。

四是共同爱好。在直销员所需要面对的顾客中，和自己有相同爱好的顾客应该是最容易找到共同频率的一类顾客的了。直销员阿华喜欢下象棋，有一次他到一座写字楼给他的一个顾客送产品，不巧的是他的顾客正好出去办事，只有另一个同事在办公室，他只好坐在办公室等他的顾客回来。这个时候他看见顾客的那个同事正在网上下象棋。于是阿华问道："你也喜欢下象棋吗？""当然了，快来帮我支一招。"遇到一个有共同爱好的朋友，对方显得很高兴。"和电脑下没意思，干脆我们来杀一盘。"阿华提议。"好啊，反正是休息时间。"于是两人摆开阵式开始下棋。几个回合下来，两人的关系拉近了不少。后来，棋友很爽快地就购买了产品。

五是共同经历。丰富的人生阅历本身就是一笔宝贵的财富，不同的人生阅历塑造了不同的精彩人生。直销员李先生是一位转业军人，经过一个朋友的介绍加入了直销队伍。习惯了军旅生活的他到了地方感觉很不适应，直销也做得没有多大的起色。一天，他照例约了一个朋友谈谈直销的产品。他见对方的坐姿很像当过兵的，于是停下产品解说问了对方一句："你当过兵吗？"对方眼睛一亮："是啊！你是哪个部队的？"本来很沉闷的气氛被打破了，两人开始交流起当兵的生涯，感慨万千，简直有一种相见恨晚的感觉。最后两人成为了亲密的合作伙伴。从那以后，李先生的顾客群里面多了很多军人的家属。

营销课堂上有个问题："是到有鱼的地方钓鱼好，还是到容易钓鱼的

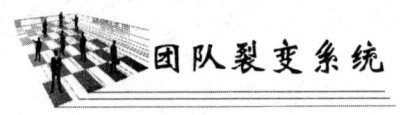

地方钓鱼好呢？"其实对于直销员来说，由于销售的都是日用品，从理论上来说谁都可能成为自己的顾客。这就好像到有鱼的地方钓鱼。但是事实上并不是每个人都会成为自己的顾客。所以最好的方法是到自己容易钓鱼的地方去钓鱼。而同频率的沟通正是直销员寻找自己最好的客户群的最佳方法。

(2) 会场层次：强化效果＋加强热度

直销会议一直以来都被直销界公认为直销最有效的展业工具，一个企业，一个团队，一个直销人，不管他所在的市场多么难启动，只要他能熟练、成功地组织好会议，市场就能火爆，所有的困难都会迎刃而解。这些会议大致包括事业说明会、产品说明会、业务培训会、旅游研讨会、业务交流会、庆典联欢会、家庭联欢会、核心领导会、表彰颁奖会等组织形式。

强化会议效果是直销员常用的手段。直销成功的关键在于聚会，而聚会的灵魂人物在于讲师——直销员。讲师讲得好，会议至少就成功了一半。进人会议讲得好，你才能高效进人；留人会议讲得好，你才能有效留人；育人会议讲得好，你才能成功育人。

除了强化会议效果，加强会场热度也是直销员常用到的手段。会场就是火炉，这把火烧得旺不旺，90%取决于讲师的功力。新人在火炉里烧起来才会受到感染，感染才会有感动，感动才会冲动，冲动才会成交。老会员在火炉里烧起来，出去才有立即行动的动力。一个讲师必须具备"烧火炉"的能力，否则会场热度就没有了。

(3) 团队层次：吸纳新人＋培训升级

直销是经营人脉的事业，人脉的吸引必须依靠讲师专业化的讲解才能完成。直销是透过产品挖掘人脉，从人脉中挑选出人手，把人手培养成为人才，但前提是先有人脉，没有人则一切都是空谈，因此先要把人吸引过来。

第九章

倍增人：培养新人，让人的价值产生裂变

通过讲产品吸引消费者进来，通过讲事业吸引经营者过来。过去经营直销事业很简单，讲师不需要讲公司、讲产品、讲机会，站在台上只要学会哭就可以了，站在台上撕心裂肺地讲过去的生活是多么的辛苦、多么的艰难，等等。现在的直销越来越走向成熟化和专业化了，你再在台上哭是很老套的。现在经营直销需要关注的东西很多，诸如公司有没有亮点、产品有没有效果、制度能不能赚钱，以及有没有一套成熟的系统模式让人快速地成长成功等。所以，作为讲师，如果你讲课的功力不够、经验不足、能力不强，打动不了台下的听众、感染不了台下的听众，你就没有办法吸引到这些人来和自己合作。

直销是培养人才的事业，人才的培养必须依靠讲师系统化的培训才能完成。经营直销事业就是把一个新进来的会员从什么都不会教到什么都会。

新人的成长可以形象地描述为从B到A的培训升级过程。新人一进来就相当于一颗种子，直销员要教他最基础的知识，包括公司、产品、制度、模式等，做好事业起步的准备，让其成为一个合格的B角色。然后，直销员要教他直销运作基本功，包括列名单、邀约、沟通、促成、销售与服务、推荐与跟进、会议的配合与带动，让B成长为A。直销员要教他启动的能力、辅导咨商的能力、团队的建设与管理的能力、系统工程建设的能力，让A成长为大A。大A再成交更多的B，B再成长为A、A再成长为大A，大A再成交更多的B，如此循环往复，团队壮大发展，实现团队倍增。

事实上，在每一个会员成长的过程中，都有一套系统化的培训，通过培训，提升他的能力，他才能上升到下一个角色。而这些系统化的培训都要靠直销员专业化的讲解才能完成。直销是速度制胜的事业，一对多的培训是复制和倍增最快速最有效的方式。直销是压缩成功、浓缩人生的事业，从此你的人生便多了一位免费的成功教练。因此，直销讲究速度制胜，速度制胜的关键一定是一对多，而不是一对一。一对多地进人，进人

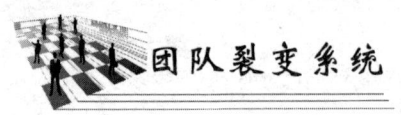

的速度就快，团队发展壮大的速度就快。进来一批消费者，自用产品、爱用产品、分享产品、销售产品，消费网壮大的速度就会越来越快；进来一批经营者，推荐事业、分享事业，经营网壮大的速度就会越来越快。一对多地留人，留人的速度就快，这样就会延缓会员"阵亡"的时间。

一个新人经营直销事业，1年的时间与3个月的时间相比，他会沉淀更多、积累更多、历练更多，最后就有可能成功。为什么？因为撑得越久，成功的机会越高；熬得越久，成功的机会就越高；坚持得越久，成功的机会就越高。当这个新人撑到第11个月时，可能会出现一个特别有能力、特别有观念的老鹰，他就成功了。一对多地育人，育人的速度就快，团队中人才就会成长得快。当每一个新人都成为团队中的超级战将时，直销团队才会越做越轻松，也才能真正体会到直销的魅力和价值。

3. 直销团队实现倍增，四大法宝要知道

有的人管理团队虽然时间很长，但一直很少有人加入，更严重的是团队人员数量越来越少，做着做着就没有人了。为什么会出现这些问题？主要是因为吸纳人和培养人的工作没有做到位。成功地吸纳人和培养人才能实现团队倍增，以下倍增团队的四大法宝如都能好好运用，一定可以扩大自己的团队并提升绩效！

(1) 定位：准确的自身角色

定位决定格局、格局决定布局、布局决定结局，而准确的自身角色定位，是团队建设的重要砝码。事实上，一个企业、一个部门想要共同创造出优良绩效，首先要明确工作的流程和基本的工具，对每个个体做出一个准确的定位。最终导致绩效不佳的原因很大程度上是由于成员对自身在组织中的定位缺乏认识，以至于定位不准、不足、不对，最终没能发挥应有的作用，没能尽到应尽的职责，反而起到了不够积极的作用。所以，现实工作中的角色定位，一定要让团队成员更为清醒地认识自己，这样不仅有利于发展、培养、锻炼自己的所长，更能充分提高团队的综合实力。

在一个团队中，创新者倾向于"出点子"，他们首先提出观点。这时，提供信息支持信息者会说：没错，某某人或某某企业因为这样做而获得成功。接着，实干者开始运筹计划"如何具体落实"的问题。推进者一般都

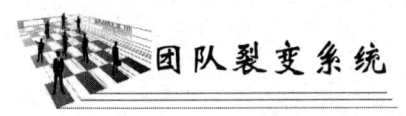

性子较急,于是催道:"那还等什么?开始干吧!"协调者这时一般在想,谁来做这件事更合适呢?监督者这时开始泼冷水:"我要提醒你们,这样做可能会遇到什么样的障碍,我们的条件还不成熟。"完美者很注重细节,在他们看来,只要高标准地关注每个过程,说不定就会成功。这个时候团队往往会陷入争论,很有可能会演变成激烈的冲突,不过没关系,还有一个凝聚者会站出来润滑调停。团队中一直有一个人自始至终默不作声,他就是技术专家,技术专家对人际关系不感兴趣,他只是专注做好自己感兴趣的每一个技术细节。这就是一个完整的团队中必不可少的九个角色,而且这九个角色需要相对均衡,各有分工,如此才能使各个角色对团队的贡献最大化。

准确的自身角色需要认定角色,即"我是谁""我做什么""怎样做才能做好"。具体包括:第一,角色安排要清晰,不能出现角色模糊、角色超载、角色冲突、角色错位、角色缺位等现象,否则会使成员之间角色不清、互相推诿,最终将会降低团队效率;第二,明确团队成员职责权限和工作范围;第三,角色职责安排要以人为本,要根据每个成员的能力、特点和水平,把他们放到最适合他们的角色岗位上,给他们提供施展才华的平台;第四,恪守每一位团队成员都同等重要这样一种理念,不能看重这个忽视那个;第五,角色职责制定要立足现实,做到期望值清楚,确保每个团队成员理解团队对他们的期望值;第六,将"表现好"作为设定角色职责的依据,而不是强调个人英雄主义;第七,对上下级职务进行双向互动描述;第八,沟通的方式多样、灵活,既可口头沟通,也可书面沟通,杜绝信息传递过程中失真的弊端。

高绩效的团队从来就不是一群相似的人的组合,互补才是团队得以发展的基础。很多团队管理者在挑选团队成员的时候,总是喜欢挑选与自己相似或者是自己喜欢的人,造成团队中"阴阳失调",某一种或几种人太多,其他的人太少,结果团队总是不能得到更大的发展。所以,一个高绩效团队的管理者需要解决的一个很重要的问题就是团队内角色的搭配问

第九章
倍增人：培养新人，让人的价值产生裂变

题。这种搭配强调均衡性，也就是说要"阴阳平衡"，每个角色的分值要大致相当，任何一个角色过多的人都会给团队带来负面的影响。

（2）复制：传承理念，复制模式

不成功的人各自都有不成功的经验，成功的人各自拥有成功的方法，将这些不同的经验、不同的方法加以总结，找出成功所具备的共同规律，从而形成一套简单、易学、易教的方法，这种方法就是复制。已经被证实成功的模式迅速复制，你只要学着说、看着做、跟着走，就能脱胎换骨，成为你想成为的那个富翁，这就是复制的神奇力量。当然这需要百分之百复制，百分之百复制是形成自动化生产线的理论基础，百分之百复制是自我解决问题的钥匙，是夺取胜利的法宝。"百分之百复制"也是麦当劳、肯德基成功的原因。

团队复制的重点应该说是在复制领袖，这样才能将团队做强做大。团队管理者要求有复制能力，并不是说就不能有创新，不能借鉴其他团队的经验。复制的事业要求各个团队的管理者之间建立一个智囊团，通过对一些有助于团队运作的经验的过滤和筛选，最后在团队中复制下去。团队管理者的复制能力，直接关系到团队伙伴是否可以达到统一的思维模式和行为模式。团队复制的主题应该是团队中的每一个成员，创造一种被复制的心态，使自己成为可以被复制的人，每一个优秀的领导人，之所以能在团队中获得成功，是因为他们具备的优秀品质。具体可以采取以下做法：

一是制定阶段性目标，不定期检查更新。团队目标来自于公司的发展方向和团队成员的共同追求，它是团队成员奋斗的方向和动力，也是感召全体成员精诚合作的一面旗帜。在制定目标时，需要明确目前的实际情况，例如：处在哪个发展阶段？组建阶段，上升阶段，还是稳固阶段？团队成员存在哪些不足，需要什么帮助，斗志如何，等等。

二是让核心成员发挥作用。培养团队的核心成员，形成团队的核心层，充分发挥核心成员的作用，使团队的目标变成行动计划，大家同心同

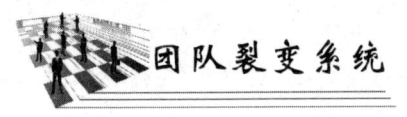

力、承上启下，心往一处想，劲往一处使。

三是提升每个成员的能力。优化成员的各种业务技能、工作才能，从优秀成员身上提炼更有价值的过程指标，并以此指标为相关业务工作的标准。

四是关注新的信息。要不断收集新信息，并对各种新观点、思想和战略保持开放；针对部门的工作特性可有专人不定期地分享最新动态及政策。

五是 PK 机制，形成 PK 挑战的氛围，如新员工对优秀的员工进行业务技能挑战，挑战成功予以奖励。

六是制定奖惩罚制度。针对团队成员的工作效率等情况，安排每周工作的完成情况及其他工作内容进行考核，采取低罚高奖措施。

七是制定新股东的培训计划，完善后可按照方案复制执行。新股东的培训不只是技能培训，更重要的是思想培训，可实行老股东带新股东的连带制度，同时增强新老股东的责任感。

八是统一对内对外沟通方式，有效传递信息，减少成员及部门之间的摩擦。比如针对常见问题仍不能解决的，要及时共同探讨，并将经验总结成基本模板，复制执行。

团队复制是个循环往复的过程，关键就在于把自己学到的、听到的、看到的信息百分之百复制，并要保证百分之百准确，这就要求团队管理者具有绝对的复制能力，通过复制，把最准确的理念在团队中传承下去，把科学的团队运作模式复制下去。一个顽强的有战斗力的团队，必须是高度统一的，这种统一源于团队中的自律精神及自愿精神。

(3) 关系：处理冲突，破除宗派

团队中的关系有三种：一是上下级之间的关系，二是团队成员之间的关系，三是左右同级部门之间的关系。为了实现团队倍增的目的，团队管理者的眼睛必须牢牢地盯在团队的结合、影响、效果上，把员工的各种长

第九章

倍增人：培养新人，让人的价值产生裂变

处融合起来，不去揭露、挑剔别人的弱点，鼓励所有积极因素的联合，优化团队关系。而要达到这样的效果，团队管理者要从以下几方面入手：

一是处理好团队内部的冲突。团队内人才济济当然是令人高兴的事情，但如果使用协调不好，不仅浪费人才，而且也影响工作的成效。人们习惯上以为优秀的人在一起组成的集体也必然是优秀的，而实际上并不一定如此。尤其是那些能干的人，往往都有极强的个性。这样的几个能干的人聚在一起，如果观点、脾气不合，往往容易产生对立和冲突。团队管理者如果能够根据各自的情况让他们各尽其才，就能化解内部冲突，让团队重新焕发出活力。

三个优秀人物在一起办企业，这三位无论能力还是智力，都是出类拔萃的，他们合资创办了一家工厂，分别担任会长、社长和常务理事。一般人都觉得这家公司一定会有比较好的前途，红红火火、欣欣向荣。但人们大都没有想到，这家公司竟然一路亏损，难以为继。工厂的上属集团总部得悉此情后，立刻召开紧急会议，研讨对策，集团董事长决定敦请这个下属公司的社长退股，另图高就。对于集团总部的这项决策，同样有人不理解，觉得这样做的结果必然加速企业的垮台。但没想到，留下来的会长和常务理事通力合作，充分发挥了工厂人、财、物力，迅速扭转了局面，使生产和销售都达到了原来的两倍，不仅扭转了亏损，而且获得了相当高额的利润。而那位改变投资的社长，也在新的岗位上取得了不凡的业绩。

如果企业任何部门的人事调配不当，就容易出现"多匹马拉车——不一股劲儿"的情形，必然会使员工情绪低落，无从发挥工作的效率。如何解决团队中的人事冲突？上述案例中的集团董事长的做法是有借鉴意义的。就是说，不一定每一个职位都选择精明强干的人来担当。如果一个部门的十几个人中只有一两个杰出的人物，其余那些才干平凡的人，就会心悦诚服地接受他们的领导，工作也会顺利推动。

二是破除团队内部中的"宗派"关系。在团队初创阶段，大家刚刚聚到一起，彼此之间没有利害冲突，容易产生一种互相依靠、互相帮助的精

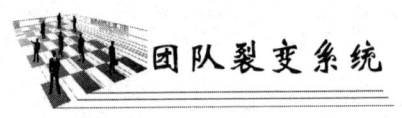

神。但是时间一长,在名利心理的驱动下,团队内部容易出现搞"宗派"的情况。一个团队如果有人搞"宗派",内部就会不团结,意志不统一,团队就不能形成一种凝聚的力量,对团队的发展极为不利。

什么是"宗派"?就是一群人为了使自己的小集团更加壮大,只选用自己的亲信,只选择"靠得住"的人,而排除"外人"。这种现象之于整个团队和企业,犹如肿瘤之于人体,一旦肿瘤恶性膨胀,就有吞噬整个机体的危险,就会形成癌症,威胁人的生命。所以,管理者绝不能容忍有宗派,让这种"小圈子"变大。

管理者在清除内部"宗派"势力时,必然会遇到来自于外部和团体自身的抵制和压力,这时管理者不能手软,要一打到底,不给其留有生存机会。否则,复苏后的"宗派"势力将更加膨胀。当然,对待团队"宗派"问题,重要的不是如何剪除而是怎样预防,要注重"治未病",毕竟防病要比治病更科学。

(4) 配合:细节及全方位的配合

团队中的配合不仅需要管理者配合员工,还需要每一成员配合领导,需要团队成员之间的合作。为了团队,任何一方的配合有时需要做出一些让步和牺牲,而付出之后能够让团队变得更好,自己也能从中获益,那么之前的退让也是值得的。

在这个过程中,团队管理者不能放过细节,要随时关注合作伙伴的动态情况,发现问题及时解决;同时,团队配合应该是全方位的,团队成员之间、团队成员与领导之间必须善于沟通,及时反馈信息、及时调整管理措施,这样才能使团队健康有序发展。

4. 高效执行力：只有提高执行力，团队绩效才会倍增

有的团队有市场、有资金、有政策，但就是没有业绩，究其原因，往往只有一个，就是执行力出了问题。从根本上讲，团队执行力是一个团队的管理问题和企业文化问题，不仅仅是团队成员个人问题。凡是执行力出问题的团队，一定是团队的管理出了问题，公司的文化价值观出了问题。

团队执行力出问题有很多种表现形式，下面结合不同现象给出对应的解决方案。

(1) 明确工作目标

有的员工待在办公室无所事事，你安排他一项工作，他就动上一动，你不安排他就各行其事，有逛淘宝的、有刷微信的，还有的找个由头直接出去玩了。这种现象特别容易出在创业公司身上。因为制度缺失，公司管理不到位，导致员工不知道自己要干什么。其实每一个上班族，都是想做事的人，对于年轻人来说都想多做事，没人想混日子，但是如果管理者没有给出明确的工作目标，他们就真的不知道该干什么了，只能无所事事，也就谈不上成长，最后公司文化也就会真的出问题。时间稍微长点，员工跳槽离职是必然结果。

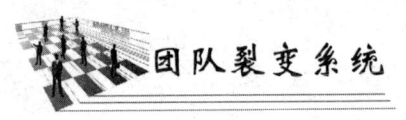

针对员工的工作目标不明，管理者要跟员工讲清楚公司战略、部门工作目标，重点讲清楚每位员工个人的工作目标，并落实到月底计划和周计划。用数字标明，让事实说话。最好落在纸上，形成关键绩效指标（KPI）明文制度。

(2) 加强岗位培训

有的员工每天忙忙碌碌，经常加班加点，但就是拿不出让你满意的工作成果。这是因为公司没有给员工提供足够的培训和指导造成的。解决方案是加强岗位培训，让员工能胜任其岗位职责。

国内的公司尤其是刚创业的小公司，很少有进行入职前岗位培训的。即使有培训，大多也只是端上一碗热气腾腾的"鸡汤"给员工喝，派出高管大讲公司远景规划，描绘未来事业蓝图，至于员工是否符合某个具体岗位的内容一概不提。在他们看来：招你来干这个工作，你就应该会干好，如果你干不好，只能不用你。这种做法是不太明智的，要知道招来送走是多么浪费资源的一件事情！更好的做法是建立一套入职前的岗位培训制度，让每一个到岗的员工起码是合格的。

(3) 遵循做事流程

新员工入职或者老员工到了某个新岗位，非常有干劲，事事冲在前，但是在协作上常常出问题。比如昨天在 A 部门求助被拒，今天到 B 部门又协商不成，几个回合下来，干工作的积极性也不那么高了，能推则推，能躲就躲。总的来说，公司各个部门之间的合作，往往因为一些你没有意识到的原因而开展得很艰难，导致公司战略无法实施，贻误商机，造成不可挽回的损失。

这是公司的流程制度出了问题，解决方案自然是要明确做事的流程制度，打通各部门之间的壁垒。这方面有一个简单有效的办法，就是推行责任人制度。比如要开展某项活动，就指定一个总负责人，并明确告知其他

第九章
倍增人：培养新人，让人的价值产生裂变

配合部门听从总负责人调度，但如果有两个人都可以拍板，一旦这两位有分歧，这个团队的执行力一定出问题。推行了责任人制度就不会有这种情况，即使有情况发生，负面程度也可能相对较轻，并且可以追责。

（4）采取奖惩措施

员工出色地完成了某项工作，但领导却没有给予任何的物质奖励和精神奖励，慢慢的，员工就开始散漫怠工，执行力大大下降。还有一种现象，就是员工因为特殊的个人原因，没有按计划完成工作，或者好心办坏事，出于为公司考虑却做出了违反公司价值观的事情，领导为了团队的稳定，没有进行惩罚，或者只是不痛不痒地表示了一下。这些都是因为奖惩不到位导致的。解决方案还是"对症下药"，即采取切实可行、行之有效的奖惩措施。

奖励方面，颁布奖励条款，明文规定奖励细节，遇到值得奖励的人或事，及时奖励。奖励分为物质奖励和精神奖励，这两种奖励方式都很重要，要灵活运用，不可只使一招。精神奖励太多，大家会认为你"只会耍嘴皮子"，物质奖励太多，大家又会觉得你"肤浅到什么都是钱"。这是门学问，怎么运用自己慢慢领会吧。但有一条要把握好，你的奖励要及时，甭管是一个红包，还是一句赞扬，都要及时反馈到员工那里。你的及时奖励，就是员工提高执行力的直接推动力。

惩罚方面，要有严格的惩罚措施，任何人一旦违规，严惩不贷。只看到"贼吃肉"不记得"贼挨打"是不行的，在颁布奖励的同时，千万别忘记公布惩罚。这就像一枚硬币的正反面，是相辅相成缺一不可的。我原本打算跟上面的奖励一起说，考虑到二者的侧重点不一样，才决定分开说。

奖励的精髓是及时，跟新闻一样讲究"时效"。惩罚的要义是坚决，跟法律一样追求"公正"。在公司里，奖惩措施或者说奖惩条例就是公司内部的"通用法"，一旦公布出来并得到员工的认同后，就必须坚决执行。

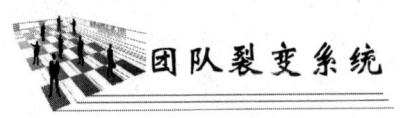

5. 商业模式的倍增——模式创新与利润倍增

商业模式创新不仅是企业技术方向和路线的选择，更涉及到企业组织、文化、资源配置的全方位、深层次革命。目前商业模式创新仍属于新生事物，业界还没有形成清晰路径和完整规律的共识，但总体上看，技术创新仍是商业模式创新的现实基础，信息网络成为商业模式创新的支撑平台，全产业链共赢是商业模式创新的突出表现。在我国工业转型升级的关键时期，如何积极有效地发挥商业模式创新的"倍增效应"，是引导企业创新之路的新课题。

(1) 倍增利润的策略和秘诀

利润倍增就是从不同的角度反复使用一个资源。这是一种突破性的战略，可以快速改善企业盈利能力和竞争能力，帮助企业在两三年之内利润持续快速增长。

利润倍增模式具有四个特点：第一，重复使用优质资产获取利润。使用优质资产获取利润的前提，是非常精确地判断核心的优质资产到底是什么。第二，对大量消费的产品来说，是强有力的利润机器。第三，注意品牌延伸陷阱。品牌延伸（意指在相同或相关领域推介新产品时使用原有品牌，这也可以称之为产品线延伸）可能有助于这一点，但也有可能削弱母品牌。第四，优质资产的持续保值是利润倍增的关键。

第九章
倍增人：培养新人，让人的价值产生裂变

企业若想增加利润都必须掌握三个策略，几乎所有的营销策略都是由这三个策略所衍生而来：一是不断吸引新客户；二是增加单笔的交易量；三是确保客户持续向你购买。这三个策略就好比你企业的长、宽、高，每个都可以使你的企业利润快速增加。增加任何一个，结果都是不可思议的，三个同时增加，结果就会产生奇迹。如果你能好好执行这三个策略，保证你会拥有一个蓬勃的赚钱企业。

不能只专注在一个策略上，你必须三个策略都不断地优化。当一个企业开始的时候，一定会专注在增加客户的策略，一旦你已经有了客户，就必须使用另外两个策略，否则企业很难真正成功。要想有效地执行这三个策略，广告是一个很好的方法，然而做广告时，必须掌握一定秘诀，会增加你的销售机会。比如，增加产品的附加价值，或创造新的独特性；把更多的潜在客户转变成既有客户；提高销售率，在销售的过程中作好销售流程；提高成交金额，可以让客户购买更多的数量、包装成套的产品等；交叉销售，也就是销售不同的产品给相同的客户；增加忠诚度，让客户持续购买。当然，你必须确定客户的需求，不要推销客户不需要的产品，你要确定你是真的想满足客户的需求。当你有这样的想法，当每次见客户的时候，都当作是另一次销售的机会，让你的企业可以增加营收及利润。

（2）商业模式创新："一鱼多吃"案例

我们知道，一条鱼有好几种做法，诸如鱼头、鱼皮、鱼骨、鱼肉和鱼汤等，这充分利用了鱼的所有价值。此外，一个池塘也可以利用不同的时间段，根据不同的用途来做很多事情，如养鱼、种藕、搞旅游垂钓，池塘底的淤泥可以施肥等。从不同的角度反复使用一个资源，这是创新商业模式的一个有效思路和方法。下面，我们来看几个"一鱼多吃"的商业模式创新案例。

案例一：美国迪士尼的"一鱼多吃"

美国迪士尼是典型的"一鱼多吃"的商业模式。它是以商业的角度来

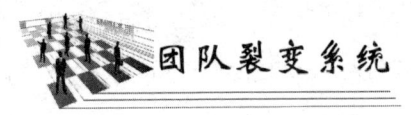

开展电影制作与形象开发,同时更重要的是通过总部对各个事业部之间的有效调配,发挥总部调控作用。通过四个主要事业部的层层传递,迪士尼能够将电影事业部制作的优秀动画人物形象潜在的利益充分挖掘出来,每一次的利益挖掘都是对前期制作费用的摊薄,也是对每次制作的利润加厚,一鱼多吃,造就了迪士尼的百年不衰。

从核心来讲,迪士尼是以动漫电影制作起家,因此其电影事业部是公司的核心以及前导部门。利用美国电影制作中的优秀的商业化模式,可以充分发掘新影片制作中的优秀卖点与商业推广核心。迪士尼的电影制作事业部通过充分的商业调研,研究、调查消费者喜爱的电影作品的主要元素,从而以此为核心制作电影作品,构建人物形象。根据商业要求,迪士尼在制作每一部电影时,要求该部电影必须要有两个主要人物形象与五个次要人物形象,从而在未来满足商业化的要求。在制作电影人物形象时,电影事业部通过市场调查,集中大多数观众所喜爱的因素,从外貌形象、表情、性格、动作、肤色等细小环节来吸引观众,从而带来电影一旦公映就能一炮打响的效果。

待新的影片热映以后,经过多番的炒作与推广,电影里的人物形象已经为观众所津津乐道时,迪士尼的电影制作事业部及时将影片中的形象授权给消费者产品事业部。我们大家都知道,光凭电影放映是很难赚到钱的,特别是一部精心制作的电影需要耗费大量成本,热播时间又十分有限,在大众电影市场竞争激烈的情况下,一部电影即使成功热播,所获利润也是有限的。因此为了充分利用电影创造的效果,发挥其中内涵的商业要素,摊平与降低制作成本,迪士尼授权其下属消费者产品事业部充分利用影片中的产品形象。消费者产品事业部将影片中热播的动画人物形象制作成玩具,并且授权管理在服饰、文具、娱乐等其他产品上充分使用迪士尼的动画形象,最大限度的赚取利润。

迪士尼在全球各地拥有四个迪士尼主题公园(美国两个、法国巴黎一个、日本东京一个、中国香港一个,上海是第六个在建项目)。迪士尼电

第九章
倍增人：培养新人，让人的价值产生裂变

影事业部同时将电影中的动画形象授权给迪士尼乐园，迪士尼乐园以此为核心规划公园的主题游玩项目，吸引游客。全球各地的小朋友都把能够到迪士尼乐园玩一次作为一个重要的愿望。每天全球的迪士尼乐园都要接待十几万来自全球各地的参观游玩者。这还不够，迪士尼乐园充分利用了综合性消费娱乐的理念，在公园内，酒店休闲、迪士尼产品售卖、购物、娱乐等项目交织在一起，可以令消费者充分利用在园内的时间来促进消费，从而使迪士尼乐园能够保持一个较高的盈利水平。

迪士尼还非常周到的想到，全球各地的小朋友并不是都有机会到迪士尼乐园去游玩，为此，迪士尼的传媒事业部会组织巡演团队到全球各地去巡回演出，专门满足那些无法到迪士尼公园去游玩的小朋友接近迪士尼人物形象的愿望。大家不要小看了这个迪士尼全球巡演团队，这个团队一年的巡演收入一点都不比一个实体的迪士尼乐园低。此外，迪士尼旗下的传媒事业部还拥有数十个直属的广播电台，可以授权其播放迪士尼的作品，从而带来的广告收益也是十分可观。

案例二：徐静蕾的"一鱼多吃"

徐静蕾多途径、多方面赚钱，作为演员，通过拍电影，形象代言来赚钱；作为文人，开通免费博客，赚取点击率，同时她又出了一本《老徐的博客》，销量一般；作为生意人，她开了鲜花盛开的公司，搞了送花的网站，开办电子杂志——《开了》，在最火的时候阅读量达到800万，具有很高的广告价值。这也是典型的"一鱼多吃"商业模式。

案例三：天才宝贝的"一鱼多吃"

天才宝贝是从美国引进的一家做婴幼产业的公司，在中国开了很多家服装连锁加盟店。天才宝贝看准了中国目前有1亿多学龄前儿童（1～6岁），并在每年2000万至3000万的速度增长，若以大中城市每个婴儿月平均用于教育的费用是150元，那么全国学前教育总的市场约为500亿，因此开了一家教幼儿英语的机构，其利润率非常高。这充分说明，可以用品牌授权来赚钱，也可以用品牌延伸出来的其他通道来赚钱。

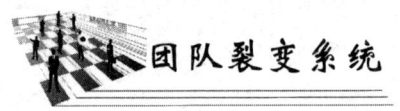

案例四：同仁堂的"一鱼多吃"

同仁堂的核心资源是中医、中药、健康、养生、精细、品质，现在同仁堂在做中药护肤品、同仁堂医院。事实上，同仁堂还可以延伸出来做中药或植物提取物。

案例五：红孩子的"一鱼多吃"

红孩子网站于2004年6月份开始创建，创业资金200万元，2005年和2006年分别融资两次，2006年10月开始在全国拓展市场。公司除经营孩子产品外，还有其他产品。他们知道孩子产品建立在极大的信任基础之上，所以把经营目标定为整个家庭。如果一个家庭买了孩子产品，就很有可能买其他产品，进而打开了产品销售的通路。

案例六：中国动向的"一鱼多吃"

如果中国动向把自己只是定位成一个卖卡帕产品的公司，就很难做到一鱼多吃，但是如果中国动向把自己定位成一个品牌管理公司，卡帕只是自己众多品牌中的一个，就可以通过管理卡帕这个品牌的方式管理众多品牌。管理卡帕品牌需要400至500人，一年产生10亿多元的利润，如果这种管理方式可以复制，进而管理多个品牌，这个公司的潜力就非常大。

案例七：大众公司的"一鱼多吃"

帕萨特和奥迪的底盘是一样的，一个底盘生产出了两种车，这也是典型的"一鱼多吃"，即把同一个资源，以不同的方法、不同的角度多次利用，充分释放其价值。

后　记

　　老板的学习能力对于打造优秀企业文化至关重要，我个人的经历就证明了这一点。

　　1981年，我出生在江西赣州兴国县一户贫苦的农村家庭。虽然生活艰苦，但是民风淳朴善良。这是一个盛产将军的地方，孕育了肖华、陈奇涵等56位共和国开国将军以及100多位省部军级干部。也许生长在将军县的缘故，我从小就很独立、坚强，喜欢带队；更有一份情怀，从小就立志要出人头地，改变家族的命运，造福社会。

　　1998年，18岁的我怀揣家里仅有的300元钱，踏出农门，随叔父一起来到城市打工。刚开始我进入一家服装加工厂做学徒，后来又自己办厂、开超市、开饭店、开养生馆、成为雪花啤酒代理……但是这些并没有让我出人头地，却让我负债累累。在打拼的过程中我知道了，就是因为无知所以很难成功，因此我到处找机会学习。

　　2010年一个偶然的机会，我进入了培训行业，进入陈安之机构。这是一个让人可以全方位获得成长的行业，更是一个历练场，是一个可以给有梦想、肯付出的人机会的行业。这里名师资源汇聚，销售高手云集，所以我决定在这里拼了，最后终于成为陈安之机构蝉联三届的销售冠军。在这里我认识了很多人，包括我的恩师和我的兄弟们。

　　时光飞逝，转眼间我已经在教育行业三年了。这些年，我看到了太多家庭破裂需要改变，太多父母亲望子成龙、望女成凤，却因迫切的心情与错误的沟通方式造成很多孩子没有自信，离家出走，甚至选择了结生命；这些年，我看到了太多创业者渴望成功又不得其法，想学习，但是学费高承担不起，学费低又鱼龙混杂，无从辨别，造成创业者们茫然

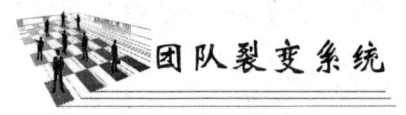

无助,最后只得艰难地自找出路;这些年,我看到太多企业家破产时因为没有正确的心理疏导,无法重新建立自信,而最后选择了一条不归路。于是我就在想,作为一名教育培训工作者,我可以为他们做点什么?我是否可以打造一个属于自己的教育平台去帮助他们站起来?就这样,我要当讲师的梦想开始萌芽,我开始学习约场并开始演讲,事实证明,这一决定改变了我的一生。

2014年对于我来说,注定是不平凡的1年。记得那1年很冷,我带领我的"八大菜鸟"兄弟(其中有两个口吃的、三个普通话不好的)去大连创办了"子鸣文化"。因为我有三个梦想:一是改变家族的命运;二是帮助所有追随我奋斗的兄弟们实现他们的梦想;三是让世界听到华人的声音,让中国走向世界,让世界了解中国!也许正是因为我有这样的梦想,所以仅1年时间,我的合伙人就遍布了大江南北,分公司由中国东北大连延伸到迪拜、新加坡,产业也进入多元化。我受邀前往阿联酋皇室做客,前往迪拜演讲,我和"八大菜鸟"一起创造了行业奇迹,八个普通话不好甚至不太会说话的人创造了傲人的业绩,也是这一年,我所承诺的,终于开始兑现了⋯⋯

2015年,我的事业迈向了更高的台阶。在新加坡亚太领袖最高峰论坛上面对众多世界级大佬们演讲,子鸣文化正在由中国走向世界。

天有不测风云,2015年下半年,由于我疏于管理,会议人数骤降。2016年,我重整旗鼓,再次引领东北培训市场,并到马来西亚演讲,再入新加坡演讲,在新加坡成立科技公司。2016年年底,子鸣文化的15人团队承诺要在2017年11月2日举办万人创业家大会,帮助万人改变命运。

2017年,我带着几十位企业家来到迪拜参加阿联酋大连商会"一带一路"峰会,再次演绎中国丝绸之路传奇。

随着子鸣文化的开花结果,我遇到了很多贵人,也遇到了跟我一样有共同的责任和使命的伙伴。我们要把子鸣文化的理念洒遍大江南北,帮助更多的人实现创业家的梦想,更让"中国梦"、中国文化走出国门,走向

后 记

世界。子鸣文化就是我们的家，也是我们灵魂的皈依。做教育，我们真的是认真的！

子鸣文化是刘子鸣创办的，但它是大家的，是中国的，也是世界的！

刘子鸣

2017 年 8 月 31 日于沈阳

参考资料

1. 李宗吾《厚黑学》，经济日报出版社，2006年8月。
2. 陈嘉映《何为良好生活》，上海文艺出版社，2015年5月。
3. 王贵水《给马云一个团队，他会怎么管？》，台海出版社，2014年9月1日。
4. 〔美〕肯·艾索尔德著，张智丰译《行为背后的动机》，中国人民大学出版社，2011年9月28日。
5. 〔美〕阿尔文·托夫勒著，黄明坚译《第三次浪潮》，中信出版社，2006年6月。
6. 〔美〕彼德·德鲁克《卓有成效的管理者》，机械工业出版社，2009年9月1日。